働くあなたに伝えておきたい100のこと

YOUR PATH TO SUCCESS AFTER SCHOOL

ジェフ・ケラー
訳
弓場 隆

Discover

読者のみなさんへ

今、成長の途上にあるあなたが本書を手にとったのには理由があるはずです。

私はあなたを個人的には知りません。しかし、次のことを確信しています。

本書にはあなたの人生を劇的に変える法則が書かれています。

私が自信を持ってそう言えるのは、本書の内容が私を含めて大勢の人の人生を好転させてくれたからです。

私たちは激動の時代に生きています。科学技術も、経済情勢も、仕事の内容も激動しています。現代は試練に満ちた時代なのです。このような激動の時代に成功するにはどうすればいいのでしょうか。

ぜひ、本書の法則を活用してほしいと思います。そうすれば成功を収めて幸せな人生を切り開くことができるでしょう。幸い、ここに書かれた法則は永久に変わりません。信頼して実行すれば、必ずよりよい人生を送ることができます。

人生がうまくいかないとき、不平を言ったり他人のせいにしたりするのはとても簡単です。しかし、そんなことをしているかぎり、いつまでたってもうまくいきませんし、ずっと不幸な思いをしつづけるはめになります。

自分の幸せと成功に責任を持ちましょう。成果をあげるためには、考え方を変え、話し方を変え、行動を変える必要があります。あなたはそれをすることができるはずです。私はあなたを信じています。

あなたは偉大さを秘めています。本書は、その潜在能力を開発する起爆剤になることでしょう。

本書を活用してください。あなたは仕事で次々と成果をあげ、人間関係を改善することができるでしょう。どんな試練や逆境が訪れようと、それを乗り越えて自信を持って生きていくことができるに違いありません。

幸せと成功をお祈りします。

ジェフ・ケラー

CONTENTS

LESSON 2

ポジティブな思考と感情を選ぶ

LESSON 3 働きやすい環境をつくる

LESSON 4

夢の実現に向かって努力する

LESSON 5

情熱を燃やす

LESSON 6 信頼関係を築く

LESSON 7
ピンチをチャンスに変える

LESSON 8 自分の強みを伸ばす

LESSON 9

重要なことを見きわめ、力を注ぐ

LESSON 1

自分の人生に責任を持つ

一般に、人間は持って生まれたものには
ほとんど責任がないが、
どういう人間になるかについては責任がある。

アレクサンダー・グレアム・ベル
（アメリカの発明家・教育者、電話機を発明）

01

まず自分が変わる

多くの人は、自分の仕事や人生がうまくいっていないことについて言い訳をする傾向があります。「不景気だ」「上司が無能だ」「親が理解してくれない」「配偶者や恋人が悪い」などなど。

あなたは自分の人生に責任を持たなければなりません。それは明るい未来を切り開くための出発点です。

しかし、多くの人は自分の人生に責任を持つことを拒み、自分の現在の状況を他人や環境のせいにします。自らの内面を見つめて解決の糸口を探ろうとせず、自分の外に原因を求めようとするのです。多くの人は自分が被害者であると思い込み、自分の力では現状を打破できないと感じています。

たとえば、テストで悪い点をとると「テストが難しすぎる」と言い訳をする子どもがいます。しかし、本人が計画を立ててしっかり勉強していれば、たとえテストが難しくても悪い点をとることはなかったはずです。

テレビの人生相談を見ると、番組に登場する人たちは自分の不幸を人のせいにしています。配偶者や恋人、親のせいで自分の人生が台なしになったというわけです。

言い訳や責任転嫁をすることによって、人生がうまくいくようになるでしょうか？　もちろんそんなことはありません。自分が被害者だと思っているかぎり、人生がうまくいくことはないでしょう。

仕事や人生がうまくいっていないからといって、言い訳や責任転嫁をするのはやめましょう。**仕事や人生がうまくいくようにするためには、まず自分が変わらなければならないのです。**

02

人生をうまくいかせると決める

「あなたの現在の状況をつくり出したのは、あなた自身だ」と指摘すると、「そんなことは信じられない」と反論する人もいるでしょう。しかし、あなたの現在の状況をつくり出したのは、ほかならぬあなた自身なのです。

あなたの現在の状況をつくり出しているのは、あなたのこれまでの思考と行動です。したがって、現在と同じように考え、行動し続けるなら、いつまでたっても同じ結果になります。

あなたが景気をコントロールすることはできません。親の態度や上司の言動をコントロールすることもできません。しかし、それらの状況に自分がどう反応するかということならコントロールできます。**人生で何が起ころうとも、その出来事を最大限に活用することを考えるべきです。**

景気がどれほど悪くても、一部の人たちはしっかりお金を稼いで繁栄を築き上げています。彼らは自分の人生に責任を持ち、目標を達成するために行動しているからです。また、ネガティブな思考を排除してポジティブな思考をするよう心がけています。

ワクワクするようなことを教えましょう。人はみな、自分の運命を方向づける大きな力を持っているのです。その力を活用すれば、人生は確実に好転します。いいことが起こるのをひたすら待っていてはいけません。自分から行動を起こして、積極的に結果を出していきましょう。

03

運を自分でつくり出す

「成功するかどうかは、あくまでも本人の責任だ」と指摘すると、「いや、運も関係あるはずだ」とか「運のいい人と悪い人が実際にいるではないか」と反論する人もいるでしょう。

では、運について考えてみましょう。あなたは運をどう定義しますか？　おそらく、「めぐり合わせがいいこと」と定義するでしょう。

では、仕事で成功するのは、たんにめぐり合わせがいいからでしょうか？　たまたま幸運に恵まれたからでしょうか？

幸運に恵まれる人がいるのは事実です。しかし、その人が幸運に恵まれたのは偶然ではなく、自分で運をつくり出したからだという事実を見落としてはいけません。

したがって、運を正確に定義するなら、「しっかり準備をしたうえで、めぐってきたチャンスをものにすること」となります。

成功者は常にポジティブな心の持ち方を維持し、明確な目的意識を持ち、目標の達成に向けて粘り強く努力して自分の運をつくり出しています。たとえ失敗しても、失敗の教訓を生かして前進し続けます。それに対し、幸運に恵まれるのを待っているだけの人は、永遠に待つはめになるかもしれません。

偉人たちの幸運に関する名言を紹介しましょう。アメリカ第三代大統領トーマス・ジェファソンは「私は努力すればするほど幸運に恵まれることを発見した」と言い、万能の天才フランクリンは「勤勉は幸運の母である」という言葉を残しています。

04

チャンスを引き寄せる

「運」は誤解されがちな概念です。成功者は運がいいように見えますが、実際はポジティブな心の持ち方と粘り強さによって、自分の手で運をつくり出しているのです。

オリンピック選手について考えてみましょう。彼らは運がいいから成功したのではありません。毎日、何時間も厳しいトレーニングを積んで、やっと非凡なレベルに到達したのです。家でぼうっとして幸運が訪れるのを待っていたわけではありません。

同じことが優良企業についてもあてはまります。トヨタ自動車は運がいいから販売が伸びたのではありません。全従業員が一致団結して努力し、卓越した製品をつくるというビジョンを持ち、業績を伸ばせるという確信を持ち、計画を立てて目標を達成できるまで粘り強く改善を重ねたからです。

運がよくて成功したように見える人がいるというのは事実です。彼らはタイミングよく、いい場所にいるように見えます。しかし**彼らは「自分は必ず成功する」という前向きな姿勢を常に持っていたからこそ、チャンスを引き寄せたのです。**

ネガティブな人は「どうせダメに決まっている」「やってもムダだ」と思い込んでいるから、チャンスが訪れているにもかかわらず、それを逃がしてしまいます。ネガティブな人は、運のよしあしを言い訳に使っています。彼らは努力せず、自分の失敗を直視するのを嫌うあまり、「他の人たちが成功したのは運がいいからだ」と考えるのです。

05

自分の感情に責任を持つ

今度は少し視点を変えて、自分の感情に責任を持つことについて考えてみましょう。成功への道を歩むうえで、それはたいへん重要なスキルです。

まず、怒りについて。誰かがあなたを怒らせるのではありません。あなたがある状況に腹を立てることを選んだだけです。恐怖や不幸についても同じです。それらの感情は、あなたがネガティブな思考を選んだ結果なのです。

とはいえ、自分の感情を否定することを提案しているのではありません。自分の感情をコントロールする必要があることを強調しているだけです。

今後、怒りや心配のようにネガティブな感情を経験したときは、腹を立てたり心配したりすることを自分が選んでいるのだと思い起こしましょう。そうすれば、よりよい選択ができるようになります。

たしかに、自分に責任を持つことは、最初のうちは少し怖いかもしれません。しかし、あなたの人生がうまくいくかどうかは、あくまでも自分しだいなのです。

責任転嫁をしてはいけません。自分に責任を持つことに慣れていなくても、しばらくすれば自分が自由になったような気がしてワクワクしてくるはずです。

状況や相手が変わるのを待つ必要はありません。あなたは自分が望む人生をつくり出す力を持っているのです。

06

建設的な行動を起こす

成功者はみな、自分の人生に責任を持っています。責任を持つというのは、他人や環境のせいにしないという意味です。そういう条件が存在する原因はあなたにあり、その条件を変えるために必要な変化を起こすことができるのはあなただけです。

失敗者は自分の失敗を家族や景気、上司などのせいにします。彼らは不平を言い、自分が被害者だと思い込み、無力感にさいなまれて積極的に行動を起こしません。これでは人生が好転するはずがありません。

それに対し成功者は自分で運命を切り開きます。景気が悪くても景気のせいにはせず、「どうすればこの状況を改善することができるだろうか」と自問します。そして解決策を見つけて積極的に行動を起こします。

愚痴をこぼしたり言い訳をしたりするのをやめましょう。そうすれば、自分の人生に責任を持つことができます。気に入らないことがあれば、その状況を打開する建設的な方法を考えるべきです。成功をおさめるためには、心の持ち方を変えて、望ましい方向に向かって進んでいけるような行動を起こすことが不可欠です。

07

自分自身を愛する

人々はよく、自分を幸せにしてくれる人を探し求めます。しかし、それは外的な働きかけによって内面に影響をおよぼそうとするやり方で、なかなかうまくいきません。誰かに幸せにしてもらうのではなく、自分で責任を持って幸せになりましょう。

よい人間関係を築きたいなら、自分自身との関係に意識を向けるべきです。あなたが自分を愛し、自分を大切にし、幸せになるよう前向きに努力すれば、同じように前向きで幸せな人を引き寄せることができます。「類は友を呼ぶ」ということわざのとおり、似た者どうしが惹かれ合うということです。

そういう人を見つけるために特別な努力をする必要はありません。自分の仕事を愛し、常に幸せを感じるようになれば、人間関係はおのずから好転します。

とくに作戦を立てる必要はありません。**自分らしくしていればいいのです。**もしあなたが自尊心の低いネガティブなタイプなら、あなたをよく扱ってくれない人を引き寄せるでしょう。相手を責めてはいけません。あなたは自分にふさわしいと思う人を引き寄せているだけなのですから。

自分の心の持ち方を改善し、自尊心を高めるよう努力しましょう。そうすれば、充実感の得られる人間関係を築くことができます。

08

過去の失敗は忘れる

人はみな、過去の行いについて自責の念にかられることがあります。いまだに学生時代の苦い経験を振り返る人もおおぜいいます。たとえば、授業中にあてられて質問にうまく答えられずに恥をかいたといったことです。そういう出来事を頻繁に振り返ることによって、自信を喪失してしまうケースも少なくありません。

しかし、成功者として充実した人生を送りたいなら、過去と決別し、今さらどうしようもない出来事に対して自分を責めるのをやめるべきです。過去の行いに対して自分を責めても何の役にも立たず、自尊心が損なわれるだけなのですから。

ネガティブな経験を思い出してネガティブな感情を強め、それがネガティブな結果を生み、さらにネガティブな感情を抱くという悪循環は、きっぱりと断ち切る必要があります。

あなたは過去に執着してつらい思いをすることを選んでいます。しかし、それは自虐行為です。**過去と早く縁を切り、明るい未来を切りひらくことに意識を向けたほうが、はるかに建設的です。**

成功者は過去の間違いから学び、将来に備えます。過去の経験から貴重な教訓を得たなら、その教訓を生かして自分の手で明るい未来を切りひらきましょう。

09

成功体験をイメージする

一般論としては過去の出来事にこだわるべきではありませんが、二つだけ例外があります。

まず、自分の過去の行いに対して何かをすることができるなら、ぜひ行動を起こすべきです。たとえば、誰かに不親切なことをしたなら、誠意を持って相手に謝りましょう。約束を守れなかったなら、今からでもその約束を果たしましょう。適切な行動を起こせば気分がよくなりますし、中途半端な終わり方を決着させることができます。

次に、過去の失敗に執着しても意味はありませんが、過去の成功を思い出すことには大きな意味があります。**過去の成功を思い出してイメージすることは、自信をつけて自尊心を高めるのに役立つからです。**

「何かについて考えれば考えるほど、それは拡大する」という法則があります。この法則にしたがえば、過去の失敗について考えれば考えるほど、それを繰り返すはめになります。それに対し、過去の成功について考えれば考えるほど、ますます成功することができます。どちらを選ぶかは、あなたしだいです。

10

恨みを捨てる

誰かとの間でいやな思いをして、その相手に反感を持ったとき、どうすればいいのでしょうか。考えるべきことは三つあります。

1　恨みは猛毒です。ただし、被害をこうむるのは相手ではなく自分です。恨みを抱いていると、あなたは自分自身を苦しめて不幸になります。逆に、恨みを解き放つと気分がよくなり、集中力が高まり、私生活も仕事もうまくいくようになります。

2　悪口を言ってはいけません。恨みを抱いた相手の悪口を言うと、周囲の人たちに敬遠されるようになります。人々はあなたを後ろ向きで不平不満の多い人とみなすようになるでしょう。そして、いつかあなたが自分たちのあら探しをするようになるとも思うでしょう。これはまったく損な話です。もっとポジティブな話をして、好印象を与えるよう努めるべきです。

3 将来のことを視野に入れましょう。 その悪口を言った相手とは、一生かかわることがないでしょうか。その人の助けを借りるような事態は想像しがたいかもしれませんが、世の中は狭いものです。その人自身、あるいはその人と親しい人が、あなたやあなたの家族を助けることも十分にありうることを肝に銘じておきましょう。

11

悲しみを乗り越える

病気や愛する人の死、失業など、人生でたいへんつらい経験をすることがあります。そういうときは誰でも心に大きな痛手を受けていますから、その出来事を何度も振り返ってしまうものです。周囲の人もそのことを聞いてくるでしょう。ですから、その出来事について考えるのは当然かもしれません。

大切なのは、できるだけ早く悲しみを乗り越えて、つらい出来事を忘れることです。どれくらいの期間が適当かはわかりません。それは、そのときのあなたの状況によります。しかし、それは過去の出来事を否定するという意味ではなく、自分の人生をポジティブな方向に前進させるという意味です。

人間は過去の出来事に執着しがちですから、そのつど、このことを思い出す必要があります。今すぐに身につけることは困難かもしれませんが、いずれ会得することができます。

つらい経験をしたときは、できるだけ早く気持ちを切り替えましょう。人生をポジティブな方向に前進させることが最善の対処法です。

12

不平を言わずに行動を起こす

人は誰でも、ときには不平をいうものです。問題は、どれくらい頻繁に不平を言うかです。周囲の人たちから「不平不満が多い」とよく言われるなら、あなたは自分がよく不平を言っていることを認めるべきです。

不平を言うことは生産的ではありません。いくら不平を言っても状況は変わらないからです。たとえば、「仕事が楽しくない」と不平を言っても、仕事が楽しくなるわけではありません。それどころか、不平を言うことで心がネガティブになってしまい、ますます仕事が苦痛になります。景気や気候についても同様です。

不平を言うことのもうひとつの問題は、そうすることで自分のエネルギーを消耗し、周囲の人たちのエネルギーも低下させてしまうことです。誰もあなたのネガティブな発言を聞きたくはありません。

状況について不平を言うのではなく、自分の状況を改善するのに役立つポジティブなことをしましょう。仕事が楽しくないなら、やり方を工夫したり自分のスキルを磨いたりして、仕事が楽しくなるような行動を起こすことが大切なのです。

LESSON 2

ポジティブな思考と感情を選ぶ

あなたの現在の状態はすべて、
あなたが習慣的に考えていることの結果である。

ブライアン・トレーシー
（アメリカの自己啓発の思想家）

13

自分の思考に意識を向ける

今朝、目が覚めたとき、あなたはどういう思考を選びましたか？

あなたはこんなふうに答えるかもしれません。

「朝、目が覚めたときにどういう思考を選んだかなんて覚えていません。ベッドから起きて朝食をとり、電車に乗って出勤しただけです。いつもと同じで、とくに思考を選んだわけではありません」

実際、講演会などで私が同じ質問をすると、ほとんどの人がそういう答え方をします。

では、私が今朝、選んだ思考を紹介しましょう。

――ベッドから起きたとき、今日も一日、健康で過ごせることを素晴らしく思った。窓の外の朝日を見て、なんと美しいことかと思った。家族に思いをはせて感謝した。それから約二十分、勇気と元気がわいてくる本を読んでポジティブな心の持ち方の大切さを確認し、オフィスに向かいながら「今日も一日がんばろう」と思った。

ざっと、こんな具合です。

要するに、私が強調したいのは、**私たちは自分が思っている以上に、自分の思考をコントロールする大きな力を持っている**ということです。意外と見落としがちですが、自分の思考に意識を向けることは、成功への道を歩むうえで不可欠な習慣なのです。

14

自分の能力を信じる

人生の成功は、心の持ち方から始まります。楽観的になって自分の能力を信じれば、成功する可能性が高くなるのです。

それに対して、悲観的になって自分の能力を疑うなら、あまり大きな成功は望めないでしょう。フォード・モーターの創業者ヘンリー・フォードがこう言っているとおりです。

「できると思おうと、できないと思おうと、どちらも正しい」

思考は現実をつくり出します。学校ではそういうことを学ばなかったかもしれませんが、それは真理です。

自分の思考を注意深く選びましょう。あなたの思考を選ぶのは、あなた自身なのです。今日、あなたは何を考えたでしょうか？　もしネガティブなことばかり考えていたとしたら、それは失敗と落胆につながるだけです。何事もポジティブに考えましょう。

15 ポジティブな思考を選ぶ

興味深い実験をしましょう。まず、好きな映画を思い浮かべてください。どのようなシーンが浮かんでくるでしょうか？

次に、好きな食べ物を思い浮かべてください。それは何でしょうか？　野菜サラダですか、ステーキですか、スシですか？

最後に、ゾウを思い浮かべてください。しかもピンクのゾウです。ピンクのゾウを思い浮かべることができますか？　やってみれば、簡単にできるはずです。

どの場合でも、あなたは自分の思考を選ぶことができました。好きな映画から好きな食べ物、そしてピンクのゾウといった具合です。

ところが、ほとんどの人は自分の思考を選ぶ力を活用していません。自分の心の中に注入するものを意識的に選ばないなら、心はこれまでと同じような思考を続けます。ちょうどパソコンの標準設定のようなものです。頻繁に開くホームページのアドレスを入力するとき、最初の二、三文字を入力するだけであとは自動的にアドレスが最後まで出てきます。

それと同じ原理が思考にもあてはまるのです。朝起きると、ふだんの設定どおりに思考が展開します。ネガティブに考える習慣があるなら、あなたの心は一日中ネガティブな思考を自動的に呼び出します。

思考が現実をつくり出すというのは真理です。したがって、**思考は注意深く選ぶ必要があります。**ポジティブな思考をすれば、ポジティブな結果を得やすいのに対し、ネガティブな思考をすれば、ネガティブな結果を招くおそれがあります。

それなら、なぜわざわざネガティブな思考を選ぶのでしょうか？　そんな必要はどこにもありません。

16

ネガティブな思考を断ち切る

これまでの説明で、ネガティブに物事を考えても何の役にも立たないことが理解できたはずです。けれども、ネガティブなことが数多く起こっているのにポジティブな思考をするのは難しいと感じるかもしれません。実際、世の中には暴力や憎しみが渦巻き、凶悪犯罪が多発しています。自然災害も頻繁に起こっています。

しかし、**ネガティブなことがたくさん起こっているからといって、あなたがさらにネガティブな思考を続ければ、事態は好転するでしょうか？**

そんなことは決してないはずです。

あえて皮肉を言えば、ネガティブな思考は役に立つことがあります。たとえば、精神的に落ち込みたいときとか、一緒にいて気分が滅入るような人間になりたいときは、ネガティブな思考がたいへん役に立ちます。また、自分の業績を低迷させたいときもたいへん効果的です！

しかしそれ以外のときは、ネガティブな思考を続けたところで何の役にも立ちません。あなたはそのことを肝に銘じておく必要があります。

17

ポジティブな言葉を使う

自己啓発書は、日ごろ使っている言葉の重要性を力説します。それはなぜでしょうか。言葉はたいへん強い力を持っているからです。あなたが日ごろ使っている言葉は信念を強化し、やがてそれが現実をつくり出します。あなたの心はあなたが自分に言い聞かせていることをすべて聞いて、それと一致する結果をもたらす作業に専念するのです。

「私は一文無しで、苦しい」と何度も言えば、あなたはそのとおりの環境に身を置くことになります。あなたの心はお金がない状況をつくり出そうとするからです。

成功者は自分に対しても周囲の人に対してもいつもポジティブな言葉を使います。仕事で成功したいなら、世の中にチャンスがいくらでも転がっているような話をし、そのチャンスをつかむ方法を考えるべきです。そうすれば、実際にチャンスをつかみ、ますます大きな成功をおさめることができます。

私生活が充実している人は、ポジティブな言葉を使います。それに対し、たとえば恋愛がうまくいかない人は、「いい相手が見つからない」と愚痴をこぼします。その結果、皮肉なことに、いい相手が見つからないという現実をつくり出しているのです。

このように言葉は非常に強い力を持っています。自分が日ごろ使っている言葉を軽んじてはいけません。**言葉が現実をつくり出すという認識に立って言葉を使うようにしましょう。**豊かさ、繁栄、希望、愛、チャンスを強調する言葉を使えば、やがてあなたの心はそういう現実をつくり出すはずです。

18

幸せを選ぶ

幸せはどうすれば見つかるのでしょう。まず、幸せになるかどうかは自分の選択であることを認識すること。困難に直面しても幸せそうにほほ笑んでいる人はたくさんいます。それに対し、困難に直面するとすぐに落ち込んでしまう人もいます。

その違いは、前者のタイプの人は幸せになることを選び、幸せを感じる習慣を身につけていることです。そういう人はポジティブに考えるよう自分を律しているのです。

自分が持っていないものに対して不満を並べるのではなく、自分が受けている多くの恩恵に感謝することを選びましょう。そうすれば幸せになれます。物事のネガティブな側面ではなくポジティブな側面を見ることを選べばいいのです。**幸せは未来にあるものではありません。それは、今ここにあるものなのです。**

景気がよくなれば幸せになれるとか、誰かに幸せにしてもらえると信じるのは見当違いです。自分が不幸せな人間であるかぎり、外的な働きかけによって永続的な幸せを実現することはできないからです。

幸せはまた、自分が心から楽しめて意義深いと思える仕事に打ち込む結果として自然に芽生える感情でもあります。自分の仕事が好きなら、幸せになれる可能性が高いでしょう。それに対し、仕事が嫌で仕方ないなら、不幸せになる可能性が高いでしょう。しかし、ここでも間違えてはいけません。好きな仕事がどこかにあると考えて探し続けても無駄です。

今、あなたがしているその仕事を好きになればいいのです。好きになるか嫌いになるかも、選択なのです。

19

自分に暗示をかける

スポーツの試合で勝負に挑もうとしている選手を例にとってみましょう。その選手は自分の番を待ちながら、「実力不足だから勝てそうにない」と心の中で思っています。そんなネガティブな思考をして試合に出ると、いったいどういう結果になるでしょうか？

おそらく実力を存分に発揮できず、さんざんな結果になるでしょう。試合が始まる前に気持ちで負けてしまっているからです。

チャンピオンはあらゆる状況下でポジティブな思考をし、最善を尽くします。試合が始まる前に、完璧な展開をイメージし、パワフルな言葉で自分を鼓舞します。

もちろん、そうしたからといって絶対に勝てるという保証はありませんが、ネガティブなことばかり考えている選手より勝つ確率がはるかに高いことは間違いありません。

あなたの人生もそれと同じです。あなたは仕事で業績をあげることを考えていますか？　将来の経済状況についてはどう考えていますか？　もしそれらのことについてネガティブに考えているなら、ネガティブな結果しか得られません。

自分の思考を注意深く選んでポジティブに考えれば、やがて素晴らしい結果が得られます。人間は自分が予想しているものを得る傾向があります。要するに、あなたが成功するかどうかは、あなた自身の思考に左右されるということです。

「インド独立の父」と称されるマハトマ・ガンジーがこんなことを言っています。

「多くの場合、人間は自分が信じているものになる。何かができないと自分に言い聞かせれば、本当にそれができなくなる。その反対に、それができると信じれば、たとえ当初はそれができなくても、やがてそれをする能力を身につけることができる」

20

目標達成を信じて行動する

ポジティブな思考だけでポジティブな結果が得られるでしょうか？　思考だけでは結果は得られません。行動を起こして目標を達成するまで粘り強く努力を続けて、はじめてポジティブな結果が得られるのです。

ポジティブな思考は目標達成の出発点です。ネガティブな思考をしているかぎり、前向きな行動を起こすことがおっくうになり、すぐにがっかりしてやめてしまうことになります。それに対し、「自分は目標を達成できる」と信じれば、成功するまで自信を持って前進し続けることができます。

大成功をおさめたいなら、自分の人生に起こってほしくないことではなく、起

こってほしいことを考える訓練が不可欠です。たとえば、貧しい暮らしをすることではなく、裕福な暮らしをすることを考えるべきです。「ダメかもしれない」とおびえながら商品のプレゼンテーションをするのではなく、「必ず成功する」という自信を持ってプレゼンテーションをし、双方にとって有益な契約を結ぶことを考えるべきです。

事実をもう一つ指摘しておきましょう。ネガティブな思考は心身に悪影響をおよぼします。ストレスの原因になり、心身のエネルギーを消耗させるからです。ネガティブな思考が免疫力を低下させることは、数々の科学的研究によって実証されています。したがって、ポジティブな思考をすることは、健康への精神的投資でもあるのです。

21

心配しない

心配はストレスの原因になり、場合によっては病気の原因にすらなります。自分が心配している内容を分析すると、起こる可能性のないことや自分の力ではどうしようもないことがほとんどです。したがって、心配は何の役にも立ちません。

たとえば、もうすぐ結婚する人は、結婚式当日の天気を心配します。しかし、心配したからといって、当日が晴れるわけではありません。

あるいは、仕事でうまくいくかどうか心配する人もいるかもしれませんが、心配したからといって仕事がうまくいくわけでもありません。

私たちは心配するとき、将来、起こるかもしれないことについて考えています。それに対し、現在のことについて考えているときは心配していません。今この瞬間、あなたは何について心配しているでしょうか。現在のことについて考えるときは、別に心配する必要がないことがわかるはずです。

できるだけ現在のことを考える習慣を身につけましょう。私たちの心はたいへん強い力を持っていて役に立つのですが、将来うまくいかないかもしれないことについて考えると、その力が悪い方向へ向かってしまうのです。

22

自信をつける

自信をつけるためのテクニックをいくつか紹介しましょう。まず、心の中で「私は自信がない」と独り言を言ってはいけません。ネガティブなことを言うと、ますます自信がなくなるからです。

自信のなさは恐怖心と関係がある場合が多いのです。目標を達成したいのですが、成功するかどうか確信が持てず、周囲の人に批判されることを心配しているのがそうです。そういう状況で**自信をつける唯一の方法は、自分が恐れている状況を直視して行動を起こすことです。**恐怖心を乗り越えて行動を起こせば、気分がよくなって自信がつきます。
行動を起こせば起こすほど、ますますいい結果が出ます。いい結果が出れば出るほど、ますます自信がつきます。ほとんどの人は恐怖心のためにおじけづいて行動を起こそうとしません。その結果、ますます自信を失ってしまうのです。

自信をつけるもうひとつの方法は、新しい状況に対して、できるかぎり準備をすることです。たとえばスピーチを依頼されたら、本番に備えてスピーチの練習をできるだけしておくことです。リハーサルを十分しておけば自信がつきます。

成功者も新しい試練に直面したときに恐怖心を抱きますが、失敗者と違うのは、恐怖心を乗り越えて行動を起こすことです。行動を起こせば自信がついて目標を達成しやすくなるのです。

23

自尊心を高める

もしあなたが同僚や友人から軽視されているのだとしたら、それは運が悪いからでしょうか。そんなことはありません。あなたの中に原因があるのです。

まず、自分の人生のパターンを検証してみましょう。たとえば、現在だけでなく、過去にもいくつかの状況において、周囲の人たちから評価されていないとか、軽視されていると感じたことがあるかもしれません。ある状況を何度も繰り返して経験するなら、それは運が悪いからではありません。自分にふさわしいと心の中で思っている状況を引き寄せているだけです。それは自尊心のレベルを反映しています。

ここでいう自尊心とは、おごり高ぶりのことではなく、自分を大切にする気持ちのことです。自尊心を高めれば、それまでと違う人たちを引き寄せることができます。そういう人たちはあなたを尊敬し、親切に接してくれるはずです。

ここで、自尊心を高める方法を三つ紹介しましょう。

1 自分をけなしてはいけません。「私にはできない」「私はダメな人間だ」と自分に対してネガティブなことを言っているかぎり、自尊心を高めることはできません。

2 ほめ言葉を拒絶してはいけません。人にほめてもらったとき「いいえ、とんでもない」と答えたことはないでしょうか。ほめ言葉を拒絶するとき、あなたは自分が賞賛に値しない人間だと自分に言い聞かせているようなものです。人にほめてもらったときは、素直に「ありがとう」と言えばいいのです。

3 自分を支えてくれる人とつき合いましょう。そういう人はあなたの長所を見つけてくれますから、あなたが自分の長所に目覚め、それを伸ばすきっかけになります。

24

あるがままの自分を大切にする

皮肉なことに、人気者になろうとすると、かえって多くの友だちを持つことができず、友だちができても満足できません。その理由は次のとおりです。

1 自分らしくあることによって人間関係を築くことが大切です。最高の人間関係とは、あるがままのあなたを受け入れてくれる人に出会って築き上げるべきものです。あなたは独自の性格を持ち、人々はそれに引きつけられます。すべての人に好かれるとはかぎりませんが、それでいいのです。自分らしくあることは大きな魅力です。

自分らしさを前面に出している人はたいへん少ないものです。ほとんどの人は仮面をかぶり、人々に受け入れられるために本当の自分ではない人物になりすましています。あなた自身、そういう人と一緒にいると居心地が悪く感じるはずです。

2 人気者になることは自負心を満たしてくれますが、永続的な幸せをもたらしてくれるわけではありません。

なぜ自分が人気者になりたいかを考えてみましょう。簡単に言えば、人によく思われたいからでしょう。しかし、他の人に評価してもらったからといって幸せになれるわけではありません。自分で自分を認めることができて初めて幸せになることができるのです。幸せとは外的な働きかけによるものではなく、自分の心の持ち方によるものです。自分が心の中から幸せを感じれば、人々はそれを感じとり、自然とあなたのまわりに集まってくるでしょう。

自分らしくあることは大切ですが、常に改善の余地があることを覚えておきましょう。短所はできるだけ直すようにすべきです。しかし、あるがままの自分を偽って行動し、他の人を喜ばせようとしても人間関係は長続きしません。

25

自分の道を進む

自分が周囲から浮いているように感じることがあるのはあなただけではありません。信じられないかもしれませんが、ほとんどの人がそういう経験をしています。その対策を紹介しましょう。

1　**自分の交友関係を検証する。**あなたは周囲の人と共通点がないように感じているのかもしれません。彼らとは別の関心事を持つようになったのかもしれません。人は数年たつと変わるものです。そろそろ同じ関心事を持つ新しい友人を探したほうがいいでしょう。

2 **自分の仕事を検証する。**自分に合っていない仕事をしているために、浮いているように感じるのかもしれません。戸外で体を動かして働くのが好きなのに、一日中オフィスの中でパソコンに向き合っているのでは、ストレスがたまるばかりです。ワクワクして、しかも自分の才能を発揮できる仕事を見つけることが大切です。

3 **自分のユニークな性格を大切にする。**その他大勢と違っている人は誤解されやすいのです。しかし、他の人の迷惑にならないかぎり、自分の思い通りに生きればいいでしょう。成功者は独特の人生観を持っている風変わりな人が多いのです。他の人の真似をするより自分の個性を生かしたほうが成功する可能性が高いといえます。

26

いつも最高の気分でいる

たいがいの自己啓発書には「いつも最高の気分でいるように」と説かれているものです。しかし、これには反発する人もいます。落ち込んでいるときでも最高の気分でいようとするのは、自分にウソをつく行為だというのです。

まず認識しておかなければならないのは、**心の持ち方は常に自分の選択だということです。**どういう状況にあろうと、あなたはネガティブであるよりポジティブであることを選ぶべきです。ポジティブであることを選べば自分の気分がよくなるだけでなく、周囲の人の気分をよくすることができます。また、そのほうが多くの業績をあげることができます。

職場でさんざんな目にあって疲れ果てて帰宅したとしましょう。ソファにぐったりすわって立ち上がる元気もありません。そのとき電話がかかってきて、あなたが応募したコンテストで優勝し、賞金百万ドルが手に入ることがわかりました。あなたはどう反応するでしょうか。おそらく、ソファから飛び上がって歓声をあげるでしょう。そしてその朗報を知らせるために親戚や友人に電話をするでしょう。

あなたは先ほどまでぐったりしていたはずですが、それはどうなったのでしょうか。賞金に意識が向かって、疲労など忘れてしまったのです。

これは極端な例ですが、要するに、私たちはどんなときでもポジティブになることもネガティブになることもできます。心の持ち方は、あなたが選べるものなのです。それならば、最高の気分を選ぶのに越したことはないでしょう。

LESSON 3

働きやすい環境をつくる

世の中で成功している人は、
自分が望む環境を探し求め、
それが見つからなければ自分で環境をつくり出す。

バーナード・ショー
（イギリスの劇作家、ノーベル文学賞受賞）

27

ネガティブな情報を避ける

今朝、あなたは多くの人と同様、朝刊を読んだかもしれません。では、やる気がわいてくる記事がその中に見つかったでしょうか？　そんなことはないはずです。犯罪や事故などの恐ろしい記事がいっぱい書かれていて、読んでいるうちに気が滅入りそうになったにちがいありません。

環境は心の持ち方に影響をおよぼし、それが思考と感情を方向づけ、信念を形成し、行動を左右し、やがてなんらかの結果を招きます。

ポジティブになるために簡単にできることを紹介しましょう。毎朝、通勤電車の中でポジティブな環境をつくるのです。新聞を広げてネガティブな記事を読むのではなく、勇気と元気がわいてくる自己啓発書や、業績を上げるのに役立つビジネス書を読むといいでしょう。仕事を始めるにあたって正しい心の持ち方ができます。

ただし、誤解しないでください。新聞を読むなと言っているのではありません。しかし、新聞を読むなら、全体にざっと目を通して、読む価値のある記事があるかどうかを調べる程度で十分です。凶悪犯罪のような心に悪影響をおよぼす記事は読まないほうがいいでしょう。

テレビのニュース番組を見るのは、ほどほどにしたほうが賢明です。現代人はニュース番組を通じてネガティブな情報の集中砲火にあっています。ニュースは犯罪や事故などの悲惨な出来事を中心に報道する傾向があり、気分が高揚する明るい話題が報道されることはめったにありません。

メディアが流すネガティブな情報には気をつけましょう。心の持ち方がネガティブになってしまい、成功への意気込みがそがれるおそれがあるからです。

28

ポジティブな人間関係をつくる

あなたは気分が高揚するような人間関係を築いていますか？　とくに友人との関係は大切です。「時代が悪い」「社会が悪い」と不平を言う人はいないでしょうか？

ネガティブな人はネガティブな考え方をあなたの心の中に注入します。その結果、あなたの心の持ち方はネガティブになり、あなたの抱いている夢はしぼんでしまうのです。私はそういう人を「エネルギーの吸血鬼」と呼んでいます。相手のエネルギーを吸い取ってしまう人という意味です。

ネガティブな人とは距離をおいて、夢を実現するために努力しているポジティブな人と過ごすことを心がけましょう。ポジティブな人はあなたにエネルギーを注入し、あなたの気分を高揚させ、夢を追い求めるよう励ましてくれます。だからこそ、あなたの能力を信じてくれる人とつき合うことが大切なのです。作家のマーク・トウェインは**「小人物はあなたの夢にケチばかりつけるが、大人物はあなたが偉大になれることを確信させてくれる」**と言っています。

もしかすると、あなたの長年の友人の中にも不平を並べるのが好きな人がいるかもしれません。そういう場合、どうしたらいいでしょうか？

その決定は、あなた自身がしなければなりません。自分の成功の妨げになる人と今までどおり一緒に過ごすことを選ぶかどうかということです。少なくとも、そういう人と過ごす時間を制限する方法を見つけたほうが賢明です。

それは難題かもしれません。友人を見捨てるようなことはしたくないと思うのが人情だからです。しかし、そういう人といっしょにいても、おたがいにあまりプラスにはなりません。ネガティブな友人とのつき合いを続けるかどうかは、あなたが決定すべき重大な課題です。

29

ネガティブな人を避ける

あなたの周囲の人たちは、あなたの成功に大きな影響をおよぼします。今までずっとつき合ってきたからといって、今後もつき合い続けなければならないというわけではありません。あなたに悪影響をおよぼすような人からは離れるべきです。

あなたが心の中で何度も繰り返したことは、それが何であれ、あなたの思考と行動に影響をおよぼします。何度もネガティブなメッセージを聞いているうちに、ネガティブな考え方をするようになってしまいます。

たとえば、あなたの夢をネガティブな友人に話したとします。その友人から「そんなことはうまくいきっこないよ」と言われたら、がっかりしてしまうでしょう。

一人くらいに言われても大丈夫かもしれませんが、数人に言われたらどうでしょうか。場合によっては夢をあきらめてしまうかもしれません。

その逆も真理です。ポジティブな人と一緒にいると、ポジティブになります。「きっとその夢は実現するよ」と元気づけてくれるから、自信を持って努力し、実際に夢をかなえることができるでしょう。


ネガティブな友人がいたら、まずはその友人がもっとポジティブになれるよう助けてあげるべきです。しかし、もしその友人がポジティブになることを拒み続けるのなら、**あなたのエネルギーを無駄遣いすべきではありません。**その友人と接する時間をできるだけ少なくし、ポジティブな人を友人に選ぶことが、あなたの最大の利益になるのです。

30

人をほめる

ハーバード大学教授を務めた、十九世紀の著名な心理学者ウィリアム・ジェームズは「人間の本性の最も根源的な特徴は、自分を評価してほしいという欲求である」と言っています。

あなた自身のことを考えてみましょう。自分の努力を認めて評価してほしいと思っているはずです。だから「よくできたね」とか「あなたのおかげで助かったよ」と言われると幸せな気分になります。それは他の人たちも同じです。自分がほめられることばかり求めるのをやめて、まず人をほめることを始めてみましょう。

では、相手の努力を認めて評価するときに考慮すべきことは何でしょうか。

1　感謝の言葉を述べる習慣をつけましょう。誰かが仕事を手伝ってくれたら、メールか手書きのハガキを送ります。電話でもいいでしょう。レストランでいいサービスをしてもらったら、ウェイターやウェイトレスにお礼を言いましょう。相手はあなたの言葉に感動しますし、あなたも気分がよくなります。

2　誠意をこめて相手をほめましょう。しらじらしいお世辞を言うと、相手はあなたに下心があることを見抜きます。ほめ言葉は相手を利用するために使ってはいけません。相手をほめるときは、真心をこめてほめるのです。

自分ひとりの力だけでは決して成功できません。成功するには、他の人たちの協力が不可欠です。あなたが周囲の人たちの努力を認め、高く評価するなら、その人たちはあなたに一層協力してくれるようになるでしょう。

31

会社のために誠実に働く

ポジティブな考え方をすることは、成功するための最も重要な資質のひとつです。ネガティブな考え方は、その持ち主を悪い方向へ導くだけではありません。それはガン細胞のように組織内に広がり、士気と生産性を低下させます。

それに対し、**ポジティブな考え方の持ち主がひとりいるだけで職場の雰囲気がよくなり、仕事がうまく進みます。**顧客の評価も高くなり、売上が伸びます。そして、経営者はそのことをよく知っているのです。

さらにいえば、経営者は従業員に規律と信頼性を求めています。つまり、あなたが毎日時間どおりに出勤して、仕事に専念することを期待しているのです。また、経営者はあなたが仕事をうまくこなすだけの経験と資格を持っていることも期待しています。

経営者の評価を得るために、以上のような条件を満たそうと努力することはゴマすりでも点数稼ぎでもありません。会社に雇われている人間として当然の義務であり、何よりあなた自身が成功し幸福になるための近道なのです。

32

音楽で気分をコントロールする

気分を盛り上げるうえで、音楽は強力な道具になります。あなたは自分をポジティブな気分にさせてくれる音楽を何曲か知っているはずです。

そういう曲を聴けば、あなたはすぐに気分が高揚するでしょう。私の見るところでは、人々はポジティブな気分になるために音楽をじょうずに使うことが少ないようです。**車を運転するときでも、自宅にいるときでも、運動するときでも、気分を盛り上げてくれる音楽を聴きましょう。**

反対に、ストレスの多い一日のあとで気分を落ち着かせたいときは、穏やかなクラシック音楽や小川のせせらぎのような静かな音楽を流すと効果的です。

あなたは音楽が大好きで、自宅にCDを何枚も持っているかもしれません。もしそうなら、今後、もっと頻繁に音楽を聴きましょう。ポジティブな環境をつくるうえで大いに役立つはずです。

33

読書する

成功するための最善の投資の一つは、本を読んで心を豊かにすることです。**仕事で昇進する人たちは、ほとんどが読書家です。**彼らは自分を鼓舞してくれる自己啓発書や伝記、仕事のスキルを伸ばすのに役立つビジネス書を読んでいます。

成功者から学べることはたくさんあります。彼らが成功を手にするために使った方法を記した本を読んで学べば、自分で試行錯誤しなくても済みます。成功者がすでに持っている知識を生かすのは理にかなっていることです。

一日の初めに、ポジティブな本を読むといいでしょう。そうすれば、新しい一日を過ごすにあたって、ポジティブな気分になることができます。テレビやラジオ、新聞などを通じてネガティブな話に触れるより、はるかにいい方法です。

先ほどは挙げませんでしたが、小説を読むこともなんら間違ってはいません。人間の心の動きについて洞察を深めることができるからです。しかし、心の持ち方をポジティブにしたり仕事のスキルを伸ばしたりできるわけではありません。自己啓発書やビジネス書を読む時間をとることが重要なのは、そういうわけなのです。

34

子どものように笑う

幼い子どもを観察していると、よく笑うという特徴があることに気づきます。単純なことをしているのに、楽しそうにしています。なぜでしょうか?

「大人と違って責任がないからさ。気楽だからね」と答える人もいるかもしれません。

私がいつも興味深く思うのは、子どもは笑う訓練を必要としないということです。子どもがよく笑うのは、笑いが人間にとって自然な現象である証しかもしれません。

あなたも幼いころはそうだったはずです。しかし、大きくなるにつれて恐怖心や疑念を持つようになりました。人生のすべての瞬間を楽しむのではなく、学業や周囲の人との競争といったことに意識を向け始めたのです。

大人になると社会の荒波にもまれますから、そんなに笑ってもいられなくなります。どんなにつらいことがあっても、生計を立てることを真剣に考えなければなりません。

たしかに、人生が面白いことばかりではないというのも事実です。仕事をしていると、プレッシャーがかかってストレスもたまりやすいでしょうし、業績をあげるためには、笑ってばかりはいられないかもしれません。

しかし、ほとんどの人がバランス感覚を失っていることは問題です。人々はいつも真剣そのものです。本当は子どものように遊び心を持っているのですが、それは恐怖心と疑念という厚い層に覆われています。

私たちは子どもを見習って、もっと笑うべきです。笑うことは精神衛生上いいことです。ストレスに苦しむより、笑ってストレスを発散したほうが仕事の能率が上がり、より大きな業績を上げることができます。

35

ユーモアのセンスを持つ

笑いが成功とどういう関係があるのかと、あなたは疑問に思うかもしれません。

しかし、成功者は笑いの力をじつによく知っています。

一九八一年、ロナルド・レーガン大統領（当時）は暗殺未遂事件に見舞われ、弾丸が心臓からわずか三センチのところにまで達しました。しかし本人は平然とし、病院に駆けつけたナンシー夫人を見て、「かがみそこなっちゃってね」とジョークを飛ばしました。笑いが緊張を和らげることをよく知っていたのでしょう。そうやって奥さんの気分をうまく解きほぐしたのです。

レーガン大統領は手術室に向かう途中で医師団に対し、「ここの医者はみな、わが共和党の支持者だろうね？」とも言いました。弾丸を胸に受けた状態で、よくもそんな大胆なジョークを言えるものです。

レーガン大統領は別の機会にこんなジョークも言っています。

「アメリカ合衆国が危機に直面したら、私が寝ているときでも即座に連絡すること。閣議の最中でも遠慮はいらない」

彼は「コミュニケーションの達人」と称賛され、真剣になるべきときは真剣になったのですが、真剣さと笑いのバランスをとることを常に心がけていました。

あなたも人と接するときは、ユーモアを忘れないよう心がけましょう。そうすれば信頼関係の構築につながるし、一日を快適に過ごせます。

36

仕事に笑いを取り入れる

仕事は楽しむものではなく、いつも真剣でなければならないと思い込んでいる人があまりにも多いようです。私が仕事に笑いを取り入れることの大切さを認識するようになったきっかけは、サウスウエスト航空について知ったことです。

サウスウエスト航空は優良企業です。航空業界は競争が激しく、多くの会社が経営難におちいっています。そんな厳しい状況の中で同社は利益を上げ続け、二〇〇四年には三十一年連続黒字決算を祝いました。さらに素晴らしいのは、ハーブ・ケレハー最高経営責任者（CEO）がつくり上げた企業風土です。従業員はおたがいに仲がいいし、お客にはいつも笑顔で接しています。

ケレハー氏は派手なパフォーマンスで有名です。会社のイベントにはエルビス・プレスリーの格好で歌って会場を沸かせたり、社内のピクニックにはハーレーの大型オートバイに乗って登場したりしました。しかし最も有名なのは、サウスウエスト航空が他社との商標登録をめぐる争いをユニークな方法で決着させたことです。相手企業の最高経営責任者との腕相撲で決めることにしたのです！

サウスウエスト航空の従業員はケレハー氏といつもいっしょに楽しく過ごし、同社はマスコミに取り上げられて無料で宣伝することができました。しかし、彼が優秀な経営者であったことを見落としてはいけません。安全性を常に最優先していましたし、顧客サービスについても妥協を許しませんでした。ケレハー氏は笑いを取り入れながらも真剣な姿勢で会社を運営し、サウスウエスト航空を優良企業に育て上げるという経営目標を達成したのです。

仕事を楽しむ姿勢が大切です。真剣さを維持しつつ、仕事に笑いを取り入れるだけの心の余裕を持ちましょう。

37

自分を笑いの対象にする

ユーモア精神に関して大切なことを指摘しておきましょう。それは、笑いの対象を自分に限定するということです。

外見に関係なく、人はみな、繊細な神経を持っています。ですから、自分に向けられたジョークには敏感に反応し、場合によっては反感を抱きやすいのです。へたをすると、感情的なしこりを残して人間関係を台なしにするおそれすらあります。

それに対し自分を笑いの対象にすれば、相手は安心して笑うことができます。**相手をからかうようなジョークは禁物ですが、自分をジョークの対象にすれば、みんなが打ち解けることができます。**そういうことは基本的なマナーとして肝に銘じましょう。

自分を笑いの対象にすれば、みんなで笑えるし、気分がよくなってリラックスすることができます。それはもしかすると、私たちの体が笑いを取り入れて緊張を解きほぐしたいと欲していることの証しかもしれません。

LESSON 4

夢の実現に向かって努力する

小さな夢を持ってはいけない。
そんなものには人間の魂をゆさぶる力はない。

ヴィクトル・ユーゴー
（フランスの小説家）

38

非現実的だと言われても気にしない

アーノルド・シュワルツェネッガーの業績を紹介しましょう。オーストリアの小さな村で生まれ育った彼は、十代の少年のころにボディービルに興味を持ち、世界一のボディービルダーになる決意をしました。しかし、その村にはまともなトレーニング設備がなかったので、周囲の人は彼の決意を非現実的な目標だと思いました。

しかしその後、彼は、ミスター・ユニバースのタイトルを五回も獲得し、さらにミスター・ワールドやミスター・オリンピアという栄えあるタイトルも取って、名実ともに世界一のボディービルダーになりました。

一九六八年、彼はハリウッドスターになるという夢を持って単身渡米します。しかし、それまで俳優の経験は一度もなく、英語もあまりうまく話せませんでした。そんな人物がハリウッドスターになるというのは、常識的に考えれば非現実的な目標と言わざるをえません。しかし、彼は実際にハリウッドスターになって多くの映画に出演し、大ヒットを連発しました。

さらに彼は、カリフォルニア州の知事になる決意をしました。海外から移住してきた人物がそうした地位に就くことは、常識的に考えれば非現実的な目標です。しかし、彼は知事に立候補し、厳しい選挙戦を勝ち抜いて当選しました。

アーノルド・シュワルツェネッガーは、周囲の人が非現実的な目標だと思うことを次々に実現していったお手本なのです。

「何かを実現できると心の中で百パーセント確信すれば、それは必ず実現できる」が彼のモットーです。

自分を信じて夢を実現する努力をしましょう。周囲の人から非現実的な目標だと思われても気にする必要はありません。

39

夢を意識に刻む

夢をかなえるためにはどういうステップを踏めばいいのでしょうか。まず、夢をかなえる第一歩は心の中から始まることをしっかり認識する必要があります。夢をかなえるために役立つふたつの方法を紹介しましょう。

1　**夢を紙に書きましょう。**一定額のお金を稼ぎたいなら、あたかもそれがすでに実現しているかのように現在形で書くといいでしょう。

たとえば、「私は××円の年収を得ているから、ほしい物を買うお金が十分にある」という書き方をするのです。そしてその紙を一日に何度も見ます。そうすればそのメッセージが潜在意識に刻み込まれますから、あなたはその夢に向かって進みだすことができます。

2 イメージトレーニングをしましょう。 椅子にすわってリラックスし、両目を閉じます。夢をかなえたらどういう人生が送れるかを心の中で描いてみます。視覚、聴覚、触覚などの感覚をできるだけ多く働かせます。

職場で管理職に昇進したいなら、自分が新しいポストに就いて管理職として職場の人たちに接している姿をイメージしましょう。どこかで休暇を過ごしたいなら、自分が現地に行ってそこの風景を楽しんでいる姿をイメージするのです。

あなたの心はそのイメージを現実に変える力を持っているのです。

40

挫折や逆境に負けない

俳優のトム・クルーズは一九六二年にニュージャージー州で生まれました。少年のころ父親の仕事の都合で何度も引っ越しをし、全部で十五の学校を転々としていますその後、十二歳で父親と死別したため、家族は貧困にあえぎました。行く先々でよそ者扱いされたために引っ込み思案な性格になり、しかも軽度の言語障害でした。これが華麗なハリウッドスターの生い立ちだと信じられるでしょうか？

トム・クルーズは高校時代に演劇に興味を持ちました。そして俳優になるという夢を実現するために、十八歳のときに単身ニューヨークに行きます。何度もオーディションに挑戦しましたが一度も合格しなかったため、レストランの皿洗いとビルの清掃員をして食いつなぎました。当時、もし彼が「俳優として成功する夢を持っている」と言ったら、誰がそれを現実的な目標だと思ったでしょうか？

その後、トム・クルーズは端役で映画に出演するようになり、大物プロデューサーの目にとまりました。そしてとうとう主役に抜擢されて脚光を浴び、一本の映画の出演料が数百万ドルというハリウッドの大スターにまで成長したのです。

トム・クルーズの大きな夢は、多くの人にとっては非現実的な目標のように思えたのですが、彼はついにそれを実現しました。さまざまな障害を克服し、挫折と逆境を乗り越えて大成功をおさめたお手本です。


強い意志を持てば、どんなことがあっても、夢を実現することは可能なのです。

41

粘り強く努力する

産業界の成功者を紹介しましょう。スティーブ・ジョブズは、生まれてまもなく養子として引き取られました。その後、オレゴン州のリード・カレッジに入学したのですが、半年で退学し、二十一歳のときに友人と組んでアップルコンピュータを設立しました。

二人はジョブズの自宅ガレージでコンピュータの製造販売を開始しましたが、当初はあまり成功しませんでした。しかしその後、マッキントッシュを開発して世間の注目を浴びます。年収は約三億ドルといわれ、彼は世界でも指折りの大実業家となりました。彼もまた、周囲の人から「非現実的」とか「不可能」と思われたことを成し遂げた人物なのです。

もちろん、誰もがスティーブ・ジョブズのような驚異的な成功をおさめられるわけではありません。しかし、誰でも自分の夢を追い求めて粘り強く努力すれば、想像以上の成功をおさめることができます。

「非現実的」とか「不可能」という言葉を使ってはいけません。小さな夢ではなく、大きな夢を持って可能性を追求しましょう。イタリアの芸術家ミケランジェロが、こんなことを言っています。

「人間にとって最大の危険は、高い目標を掲げてそれを達成できないことではない。低い目標を掲げてそれを達成し満足してしまうことである」

42

努力を積み重ねる

現時点では、あなたは大きな夢をまだ持っていないかもしれません。しかし、何かを成し遂げられるという信念があれば、夢は意識の中に自然と芽生えます。無理に夢を持つ必要はありません。ほとんどの場合、夢のほうから語りかけてくるものです。そうなれば、夢を意識の外に追い出すことはできなくなります。

もちろんそれは簡単なことではありません。夢を実現するには何年もかかることもあります。勝利をおさめるまでに何度も挫折を経験するでしょう。しかしそんなときこそ、「夢を見ることができるなら、それを実現する能力が備わっている証しだ」というウォルト・ディズニーの言葉を思い出して勇気を奮い起こしましょう。

人々は成功者が努力を積み重ねてきたことを見落としがちです。成功者は一夜にして成功したわけではありません。

周囲の人から非現実的と思われるような目標を達成するためには、努力を積み重ねなければなりません。成功者の努力を一日だけ観察しても、たいしたことのようには見えないかもしれませんが、努力を継続できるか否かが大きな差を生むのです。

今後、大きな夢が語りかけてきて、あなたがそれにワクワクしたなら、**「それは無理だ」とあきらめずにその夢を追い求めるべきです。**その夢がどんな内容であっても、何もしないうちから「それは非現実的な目標だ」と決めつけてはいけません。

偉人たちは非現実的な夢に粘り強く取り組んで実現してきたという事実を覚えておくことです。

43

地道に努力する

多くの人は地道に努力するのをいやがります。そして、すぐに欲求を満たそうとする傾向があります。

これは時代の風潮かもしれません。しかし、楽をして金儲けをしようという誘惑に決して引っかかってはいけません。たとえば「○○の株に投資すれば確実に儲かる」といった話に乗るのは、あまりにも危険です。

「一夜にして成功するには十年かかる」という格言があります。場合によっては、それ以上にかかることもあります。マクドナルドの創業者レイ・クロックはこう語っています。

「私は一夜にして成功をおさめたと思われているが、その一夜というのは三十年だ。思えば長い長い夜だった」

多くの実業家は、成功して大金を儲けるようになるまでに、何年も低賃金で働きながら努力を積み重ねているものです。ビル・ゲイツにしても、すぐに大富豪になったわけではありません。

財を成した人のほとんどは、自分を信じ、努力を重ね、規律を守り、障害を乗り越えた結果として金持ちになったのです。

44

目先の報酬にとらわれないで働く

成功をおさめるためには、欲望を満たすことを先のばしにする必要があります。

成功者は成功するために必要な代償は喜んで前払いし、すぐに報酬が手に入らなくても気にしません。

企業の役員になった人たちのそれまでの仕事ぶりを調べてみると、それほど高い給料をもらわずに何年間も勤勉に働いてきたことがわかります。自分が重要な仕事をするだけの価値があることを長期にわたって会社に実証し、ようやく昇進を勝ち取って財を成したのです。

同じことが、自分で事業を立ち上げて成功した人たちにもあてはまります。新規事業には多くの経費がかかるだけでなく、最初はお客が少なく、収入もかぎられています。この時期、経営者は経費を削減し、ぜいたくをしないようにしなければなりません。しかし、彼らがそういう犠牲を払うことをいとわなかったのは、数年後には事業が発展し、収入が増え、豊かなライフスタイルを創造できることを確信していたからです。

45

自分にとって本当に必要なお金はどの程度か考える

お金は大切ですが、お金だけでは幸せを手に入れることはできません。世の中にはお金で買えないものがたくさんあるからです。たとえば、家族の愛情、友人、心の平和など。

結局、どういうライフスタイルを望むかによるのです。質素な生活をし、多くのモノを求めないなら、それほど多くのお金は必要ありません。高級車に乗り、高価な服やアクセサリーを買い、高級レストランで食事をし、休暇をとって海外旅行に出かけるといった生活をしたいなら、たくさんのお金がいります。

自分が持っているお金の額について、他人や環境のせいにしてはいけません。自分が望むだけのお金を稼げていなくても、それを景気や上司のせいにすべきではないのです。それよりも積極的に行動を起こして自分の力で経済的安定を確保すればいいのです。

勤勉に働いて、絶えずスキルを伸ばしましょう。そうすれば、会社にとってあなたはより価値のある存在になり、もっと多くのお金が稼げる地位に就くことができます。

46

ひとつの目標に集中する

多くの目標を持つことは、間違いではありません。間違っているのは、それらを同時に達成しようとすることです。たとえば、一度に五つの大きな目標を達成しようとしても、おそらくどれも成功しないでしょう。

人間の心は、目標を追い求めるようにできています。しかし、標的が多すぎると、どこにエネルギーを集中していいのかがわからなくなります。その結果、ひとつの目標から別の目標へと心がうつろい、特定の目標に集中して着実な進歩を遂げることができなくなるのです。

あれもこれもという姿勢でいるとエネルギーが分散し、力を集中することができなくなります。それに対しひとつの大きな目標に集中すれば、レーザービームのように焦点を当てることができて、目標を達成しやすくなります。そうやってひとつの目標が達成できたら、次の目標に移ればいいのです。

もちろん、同時に複数の目標を追い求めることができる場合もあります。たとえば、健康のために運動をするという目標と、仕事上で設定した目標は両立します。しかし、同時に並行して追求できない目標もあるでしょう。そういう場合はひとつずつ取りかかることです。

47

適切な目標を設定する

まず、短期的な目標と長期的な目標を区別する必要があります。多くの人は短期的目標を設定するとき、あまりにも野心的な目標を設定しすぎます。たとえば、年収三百万円の人が半年でいきなり一千万円を稼ごうとするのがそうです。不可能とはいえませんが、可能性はきわめて低いでしょう。

人間の心は自分の現在の思考パターンと大きく違った思考を拒絶する傾向がありります。したがって、年収三百万円の人が半年で一千万円を稼げるようになると自分を納得させようとしても、心はどうしてもそれを拒絶してしまうのです。

段階を追って三百万円から五百万円に年収を伸ばし、次の目標を七百万円に設定して、最終的に年収一千万円を達成するという目標を設定するほうが現実的です。そうすれば少しずつ自信がついて、心は抵抗を感じなくなります。

それに対し、今後数年間で達成したい長期目標については、高い目標を設定したほうが得策です。野心的な目標を達成することについて非常にワクワクし、目標に向かって進むうえで勢いがつくでしょう。長期的な目標を達成する過程で小さな成功を何度もおさめることで、あなたは元気と勇気を得ることができるはずです。

あなたが長期的に成し遂げられることはほぼ無限にあります。**長期目標を高く設定することを恐れてはいけません。**しかし、成功に近道はなく、それに至る階段は一段ずつ登っていかなければならないことを肝に命じましょう。

48

目標を達成できると信じる

目標がなかなか達成できないとき、どうすれば希望を持つことができるでしょうか。それにはふたつの選択肢があります。ひとつは、楽観的になって、自分は必ず目標を達成できると信じることです。もうひとつは、悲観的になって、自分には目標は達成できないと思い込むことです。

成功者はみな、自分の抱いている思考が結果を決定すると言っています。ポジティブな思考を抱けば、ポジティブな結果をもたらします。時間はかかるかもしれませんが、いつかは必ず成功するのです。それに対し、ネガティブな思考は遅かれ早かれネガティブな結果をもたらします。要するに、**人生では、予想しているもの**

を手にするということです。

もちろん思考だけで結果がもたらされるわけではありません。自分が何かを成し遂げることができると確信すれば、いかなる困難があろうと、それを乗り越えようという気になるものです。ポジティブな思考はポジティブな行動につながるからです。

それに対しネガティブな思考はポジティブな行動につながらず、すぐにあきらめてしまいやすいのです。イギリスの名宰相ベンジャミン・ディズレーリが言っているとおりです。「行動が必ずしも幸福をもたらすとはかぎらないが、行動のないところに幸福はない」

ほとんどの場合、悲観的になると悪い結果をもたらします。したがって、悲観的になることは百害あって一利なしです。たとえば、景気がどうであろうと、お金を稼いでいる人は必ずいます。成功している人は、人生と仕事にポジティブな見通しを持っているのが特徴なのです。

49

すぐに行動する

目標を設定しても、ぐずぐずしてやり遂げることができないことがあります。こういう問題はどうすれば解決できるのでしょうか。

先のばしは、多くの人が抱えている問題です。多くの人は目標を達成するつもりで意気込みますが、ほとんど行動を起こしません。行動を起こさなければ、満足のいく結果を出すことができないのは当たり前です。

目標を設定したら、すぐに行動を起こすことが大切です。そうすることによって勢いがついて前進することができます。たとえば、ハワイ旅行を夢見ているとしましょう。「いつかハワイに行きたい」と思っても、途中に立ちふさがる障害が気になるでしょう。

ハワイに行きたいなら、あたかもすぐにハワイに出発するようなつもりで旅行の計画を立てましょう。現地へはどの旅客機で行くか、航空運賃はいくらか、割引料金はいくらか、滞在先の宿泊施設はどうするか。インターネットで以上のことを検索するとともに、ハワイ諸島の写真を見れば、ワクワクしてくることでしょう。あなたはもうすでにハワイに行く方法について考えているのです。

調査をしてみると、さまざまなことがわかってきます。意外と運賃が安いとか、滞在をもっと楽しむ方法があるといったことです。そのとき、すでにあなたはハワイ旅行を実現する方法について考え、立ちふさがっている障害については考えていません。要するに、どのような目標であれ、いったん設定した目標を達成するためには、すぐに行動を起こして勢いをつけて前進することが大切なのです。

LESSON 5

情熱を燃やす

かぎりない情熱を持って取り組めば、
人はほとんどなんでも成し遂げることができる。

チャールズ・シュワップ
（アメリカの企業経営者）

50

情熱を人に伝える

学生時代のことを思い出してみましょう。自分の担当教科に情熱を燃やしていた先生のことを覚えているでしょうか?

情熱的な先生の授業はとても楽しくて、今でもその内容を覚えているかもしれません。それに対し情熱的でない先生の授業は、いつも退屈だったはずです。一分間が一時間のように思えるほどで、目を開けていることすら困難に感じ、何度も腕時計を見ては「早く授業が終わってほしい」と心の中で祈っていたかもしれません。たとえ知識が豊富でも、その先生の授業は退屈だったはずです。

あなたがその二種類の先生の授業に対して抱いた感想は、情熱の力を雄弁に物語っています。情熱的な先生の授業には刺激を感じ、知的好奇心をかき立てられたはずです。生徒が多くのことを学んだのだから、その先生は成功したことになります。それに対し情熱的でない先生の授業はたいへん退屈で、内容に興味が持てなかったはずです。先生としてはあまり成功したとはいえません。

情熱的な先生は人々を引きつけることができますが、情熱的でない先生は人々を引きつけることができません。それと同じように、もしあなたが仕事に情熱を燃やさないなら、人々を引きつけることができず、孤立無援の状態で仕事を続けることになります。そんなことで成功をおさめることができるはずがありません。

情熱があれば人々を引きつけ、支援と協力を得て成功する確率がぐっと高まります。

発明王トーマス・エジソンが、こんなことを言っています。

「わが子に情熱を伝えて死ぬことができたなら、莫大な遺産を残したことになる」

51

本物の情熱を持つ

思想家のラルフ・ウォルド・エマソンは「歴史上、情熱なしに偉大な業績が成し遂げられたことは一度もない」と断言しています。

情熱と成功の間に相関関係があるだけでなく、情熱とエネルギーの間にも深い関係があります。情熱とエネルギーは非常にパワフルな組み合わせです。情熱を燃やし、エネルギーにあふれていれば、次の三つの恩恵を受けることができます。

・人々はあなたのまわりに集まりたくなる
・人々はあなたのアイデアを受け入れたくなる

・人々はあなたの製品とサービスを買いたくなる

売り手にエネルギーがあれば売れます。売り上げを伸ばしたいなら、情熱を燃やしてエネルギーを高めることが必要です。そうすれば、お客は喜んで買ってくれるでしょう。

売り手が情熱的でないなら、お客は相手にしてくれません。自分の提供している製品やサービスに情熱を持っていない人から買いたいと思う人がいるでしょうか？

情熱は人々を引きつけて説得する力を持っています。イギリスの歴史家トーマス・カーライルが「人を動かして説得しようとする者は、まず自分が感動し、自分を説得しなければならない」と言っているとおりです。

人々を引きつけて説得するためには、情熱は本物でなければなりません。静かで控えめな人でも、心の奥底に情熱を秘めていて説得力のある人はたくさんいます。要するに、情熱的であると同時に、自分らしくあることが大切なのです。

52

ワクワクする活動に取り組む

情熱を持つための最もいい方法のひとつは、ワクワクする活動に取り組むことです。そうすれば、自然と生き生きしてきて情熱がわいてきます。

毎日、ワクワクする活動を仕事にしている幸せな人たちがいます。彼らは仕事をするのが大好きです。大嫌いなことを一日中していながら、情熱的になることはきわめて困難です。

自分がワクワクする活動について考えてみましょう。あなたは何をするときに情熱を感じるでしょうか？　あなたにとって、考えただけでワクワクするような活動とは何でしょうか？

ただし、誤解してはいけません。今すぐに現在の仕事を辞める必要はありません。最初のうちは、平日の夜や週末を利用して、ワクワクする活動を趣味として始めればいいのです。そうすれば、今の仕事を続けながらワクワクする活動に取り組むことができます。そしてもし、その活動で生計を立てることができるという確信が得られたら、その時点で転職を考えるといいでしょう。

くだらないテレビ番組を見たりネガティブな新聞記事を読んだりする時間があるなら、その時間をワクワクする活動に使いましょう。興味のあることが見つかれば、素晴らしいチャンスが広がります。**情熱を持って何かに取り組んでいると、チャンスを引き寄せる磁石のようになります。**

イギリスの著名な牧師チャールズ・キングズリーが、こんなことを言っています。「われわれは安楽と贅沢が幸せな人生の必要条件だと思いがちだが、幸せになるために本当に必要なのは情熱を傾ける対象を持つことである」

53

好きなことを続ける

自分が大好きなことを見つけましょう。大好きなことを見つけるのが早ければ早いほど、人生は楽しくなります。しかし、それが必ずしも仕事と結びついている必要はありません。

たとえば、音楽が大好きでバンドを組んで演奏したいと思っていても、音楽で生計を立てることはむずかしい。しかし、夜や休日などの自由時間を利用して音楽活動にたずさわることは十分に可能です。

大好きなことを仕事にできなくても、落胆することはありません。どんな仕事においても自分の才能は発揮できるし、楽しめるものなのです。いつか音楽活動をフルタイムの仕事にするチャンスが到来したら、ぜひそのチャンスを生かすといいでしょう。しかし、たとえ音楽活動をフルタイムの仕事にするチャンスが来なくても、音楽を楽しむことはできます。

あっさりと夢をあきらめてしまい、あとになってそれを後悔する人があまりにも多いのです。生計を立てる仕事に打ち込むことは重要ですが、自分が情熱を感じる対象を捨てる必要はありません。**仕事であれ趣味であれ、本当に大好きなことをして過ごす方向を見つけるべきです。**

54

常に最善を尽くす

最善を尽くさないときに最も被害をこうむるのは、ほかならぬあなた自身です。人間は習慣の生き物です。人を二種類に分けると、最善を尽くそうと努力する習慣が身についているか、何をするにもいい加減に済ませてしまうことが習慣になっているか、どちらかなのです。

いずれにせよ、習慣はそう簡単には変えることができません。今日は手抜きをしても、明日は最善を尽くせばいいと考えるのは甘いのです。そんなことはできません。最善を尽くすのは常に今日であるべきです。

安定した仕事を探し求める人がいますが、間違えてはいけません。**安定した仕事などというものはありません。仕事が安定するかどうかは、あなたの姿勢しだいなのです。**仕事を安定させるカギは、卓越した業績をあげ、スキルを伸ばし続けられるかどうかにかかっています。それに加えてポジティブな姿勢と協調性があれば、周囲から高い評価を得られるでしょう。

たとえ最善を尽くして働いても、生涯同じ会社で働けるという保障はありません。しかし、最善を尽くすことによって、あなた自身が成長することを忘れないでください。あなた自身が確固たるスキルを身につけていれば、どういう状況に置かれても不安はありません。あなたの能力と情熱を評価してくれる環境を必ず見つけることができるはずです。

55

健康管理を心がける

大きな情熱を持ってエネルギーを高める方法はほかにもあります。日ごろから健康管理を心がけることです。

健康の維持・増進には、適度な運動、十分な休養、適切な食生活が欠かせません。もし健康でなければ、情熱を持ってエネルギッシュに活動することはたいへん困難です。

適度な運動をしたあとは十分な休養をとることが大切です。どれだけ頑丈な肉体の持ち主でも、休養が不十分だと健康を損なうおそれがあります。

暴飲暴食やジャンクフードの食べ過ぎは禁物です。若いときは少々無理をしても、それほど問題はありません。しかし、年をとると無理がきかなくなり、健康を損なうおそれがありますから要注意です。

それはあなたにとってまだ何十年も先のことかもしれませんが、今から健康管理の大切さをよく理解しておかねばなりません。

成功をおさめるためには体力と気力が不可欠です。適度な運動、十分な休養、適切な食生活を心がけましょう。

56

新しいことに挑戦する

多くの人は、変化という言葉を聞くと不安な気分になります。変化を避けて居心地のいい空間の中にとどまるべきだと子どものころから無意識のうちに学んだ結果、新しいことに挑戦することが不安と嫌悪の対象になっているからです。

なぜ人々は変化を恐れるのでしょうか？　いつもと違うことをすると失敗するのではないかと不安を感じたり、周囲の人の嘲笑や批判を恐れたりするからです。慣れないことを恐れるという単純な心理が働いている場合もあります。

ここで強調したいのは、変化は非常に素晴らしいものだということです。私たちは変化を歓迎することによって、多くの成果を手にすることができます。

まず、自信が得られます。変化に抵抗するのは、「新しいことはできない」と自分に言い聞かせているのと同じことです。当然、そういう姿勢では自信は得られません。それに対し変化を歓迎すれば、自分が思っていたよりはるかに多くのことを成し遂げられることに気づきます。**自信を得たいなら、変化を歓迎して、新しいことに積極的に挑戦するべきです。**

変化を歓迎すると、ほかにも手に入るものがあります。それは、自分の才能を発見して開発できることです。つまり、変化は自分らしさを発見し、独自の才能を発揮するきっかけになるのです。

しかし残念ながら、多くの人は「変化はリスクを伴うから今のままがいい」と警戒する内なる声を聞きます。それは、自分の可能性を限定する間違った声です。

それに対し、「自分の可能性に目覚めて前進しろ」と説くもうひとつの内なる声があります。その声に耳を傾ければ、自分の偉大な潜在能力を発揮することができるのです。

57

変化に身をまかせる

変化を歓迎することは、ますます重要性を増しています。近年、世の中は猛スピードで変化しているからです。現時点で最新技術を誇る製品でも、わずか一、二年で旧式になります。数年ごとに会社を辞めて別の会社に移る人も増えています。

しかし、三十年ほど前まではそういうことはありませんでした。当時は終身雇用制が普通でしたから、ほとんどの人は自分の勤めている会社を辞めて別の会社に移ることなど考えもしなかったのです。しかし現在では、職場を頻繁に変えるだけでなく職業そのものを変える人も多くなっています。

多くの会社では吸収・合併の話がいつもあります。そのため、社員たちはそれによって自分はどうなるのか絶えず心配しているのが実情です。

しかし、変化に抵抗しても何の役にも立ちません。好むと好まざるとにかかわらず、変化は必ず訪れるものだからです。変化から逃げていると結局は損をします。そういう姿勢でいるかぎり、積極的に変化に対処することができないからです。

それに対し変化を歓迎することを習慣にしてきた人は、変化にうまく対処できます。これまで変化を乗り越えてきたことで、自分に自信を持っているからです。

新しいことに挑戦すれば躍動感が生まれます。変化を歓迎しなければ、人生でも仕事でも成長を遂げることができません。いつまでも古い殻の中に閉じこもっているなら、どうやって学習し成長するのでしょうか？

パソコンのメーカー直販世界最大手デルコンピュータの創業者で会長兼ＣＥＯのマイケル・デルが、こんなことを言っています。

「変化の中で繁栄を築くためには、変化に身をまかせ、そこから強さを引き出す方法を学ばなければならない」

58

勇気と信念を持って変化に対処する

私は変化を歓迎することを奨励していますが、その道のりが平坦であると約束するつもりはありません。変化は起伏に富み、挫折とフラストレーションで満ちあふれているからです。

しかし、成功への道を歩むときには、喜んで代償を払わなければなりません。人生は、信念を持って苦しいことをし、粘り強く前進し続ける人たちに恩恵をもたらすものなのです。

変化を歓迎することの恩恵は、私生活にもあてはまります。新しい土地に引っ越しをしたり、今までの人間関係に終止符を打ったり、新しい人間関係を始めたりすることを考える時期が誰にも必ず来るからです。現在、あなたが独身であっても、いずれ結婚して家庭を持つことを考えるようになるでしょう。

あなたは変化にとまどうこともあるでしょう。たとえば、家族の誰かが病気になるとか、年老いた親の面倒を見るといったことです。しかし、**人はみな、自分の人生で起こる変化に対処する能力を持っています。**あなたは勇気と信念を持って変化に対処するべきです。

59

積極的に変化を起こす

ジャック・ウェルチは「二十世紀最高の経営者」と称賛されています。彼は、変化を歓迎することの重要性を実証した人物です。

ウェルチがゼネラル・エレクトリック（ＧＥ）の会長兼ＣＥＯに就任したのは、入社後二十一年目の一九八一年のことです。当時、まだ四十代半ばだった彼は、すぐに大きな変化を起こしました。旧態依然としたＧＥの体質を変えるためです。

まず、不採算の工場を閉鎖しました。次に、会社に利益をもたらしていない社員のリストラを断行しました。具体的には、下位一〇パーセントの管理職の解雇です。

そのかわり、会社に利益をもたらした上位二〇パーセントの管理職に対しては、ボーナスの増額とストックオプション（自社株購入権）の付与という形で報いました。さらに彼は、数々の企業を買収したことでも知られています。

当初、多くの社員がウェルチの経営手法に反感を抱きました。しかし、彼はやがて驚異的な成果をあげ、社員たちは彼を尊敬するようになりました。

一九八一年にGEの年商は約二百五十億ドルでしたが、二〇〇一年にウェルチが引退したときには千三百億ドルにまで増加していました。彼は変化を歓迎することによって結果を出し、GEを時価総額世界一の巨大企業にまで育て上げたのです。

旧態依然とした体質を改めなければ、人も企業も生き残れません。自分のどういう部分を改める必要があるか、じっくり考えてみましょう。

60

リスクを自分からとる

大成功をおさめている人たちは、たいていリスクを自分からとっています。彼らはプロジェクトに取り組む前にリスクを計算し、十分に準備をするのです。もちろん、最初からうまくいくとはかぎりません。たとえばウォルト・ディズニーは夢を追い求めてリスクをとりました。失敗を繰り返して何度も倒産を経験していますが、それでもリスクをとることをやめませんでした。

成功しようとするなら、絶えずリスクをとる必要があります。新しい仕事を始める、新しい会社を興す、新しい地域に引っ越す。これらのことは、大なり小なり、すべてリスクを伴います。未知の領域に挑めばリスクをとることになりますが、多くの場合、そうすることによって人生は向上します。
リスクをとることを拒んでいるかぎり、現状を維持するのが関の山です。それはエキサイティングではありません。人間は学習し成長していくのが本来の姿です。伝統を守ることは大切ですが、**リスクをとって新しいことに挑戦すれば、その恩恵は必ず得られます。**恩恵とは、自分に何ができるかがわかることです。リスクをとることへの許容度は人によって異なります。リスクをとることに不安を感じるなら、あまり大きなリスクはとらないほうがいいでしょう。しかし、まったくリスクをとらないというのは、じつは最も大きなリスクだということは覚えておくべきです。

科学技術は日進月歩の勢いで進歩し、ビジネスの世界は急激に変化しています。自学習し成長することを拒むなら、あなたのスキルは時代遅れになりかねません。自分ではリスクを避けているつもりでも、市場価値のあるスキルを持っていないという点でたいへん大きなリスクを背負っていることになります。柔軟性を持ち、新しいことに心を開くことが、現代社会では価値のある資質なのです。

Lesson 6

信頼関係を築く

本当に幸せになることができるのは、
人々に奉仕する方法を見つけた人だけだ。

アルバート・シュバイツァー
（フランスの医者、哲学者、ノーベル平和賞受賞）

61

相手を尊重する

信頼関係を築いて好印象を与えるコミュニケーションのポイントは四つあります。

1　相手を打ち負かそうとしない。コミュニケーションを議論と混同している人があまりにも多いのが現状です。自分が正しくて相手が間違っていることを証明しようとすると、相手は腹を立てます。あなたは誰かからそういうことをされたらどう感じるでしょうか。それは職場でも家庭でも同じことです。

2　自分のことばかり話さない。相手に話をさせずに自分についての話ばかりしていると、相手のことはどうでもいいという印象を与えます。こういう態度をとると相手は不快になり、興ざめし、あなたとかかわりを持ちたくないという気になってしまいます。自分が話している割合を全体の半分以下にするよう努力しましょう。

3　相手の話を途中でさえぎらない。自分が次に話すことを考えながらコミュニケーションをすると、相手の話を聞くことに集中できなくなります。また、自分の考えがまとまると相手の話を途中でさえぎって話したくなります。しかし、それは相手への侮辱です。相手の話を最後まで聞く習慣をつけることが不可欠なのです。

4　相手より携帯電話を優先しない。昨今、外の世界と絶えずつながっていなければ不安を感じる人が増えています。そういう人は携帯電話の奴隷になりがちです。たとえ会話の途中であっても、携帯電話が鳴ったりメールの到着を知らせたりすると、すぐに手にとってしまいます。離れたところにいる人のほうが目の前の相手より重要だと思っているのです。

62

自分の責任を果たしてから意見を述べる

この本を読んでくださっている方々はなんらかの組織に属していることでしょう。それは会社や団体、学校であったり、あるいはボランティアの組織、PTA、趣味のサークルといったものかもしれません。

好むと好まざるとにかかわらず。組織に入れば自分のやり方を押し通せるとはかぎりません。もっといいやり方があると思っても、その組織のやり方にしたがわなければならないこともあります。

たとえば、こんな状況を想定してみましょう。自分の家に、家族以外の誰かが同居することになったとします。もし初日にその人が「ここはこう変えるべきだ、あそこはこうすべきだ」と指示してきたら、あなたはどう感じるでしょうか。その提案がどれほど合理的でも、あなたは「ここは私の住まいだ。いきなり指示するとはなんだ！」と憤りを感じるはずです。

しかし、もしその人が三カ月ほど住んで、炊事・洗濯・掃除などの雑用をしっかりしてくれたら、あなたは心を開いて相手の提案に耳を傾けるようになるでしょう。

組織でも、それと同様のことが言えます。**まず自分が責任を果たして能力を証明すれば、周囲の人はあなたの意見に耳を貸すはずです。**組織の慣習にどれほどしたがうかは、あなたしだいです。自分の信念をしっかり持っているかぎり、あなたは自分を失うことはありません。別に他人の言いなりになる必要はないのです。

しかし、もし組織の風土が自分に合わないと感じ、あなたがいくら努力しても提案を受け入れてくれないなら、その組織はあなたには合っていない可能性が高いでしょう。その場合、あなたはその組織では能力を存分に発揮できないでしょうから、他に移ることを考えたほうがいいかもしれません。

63

人前で話すのを恐れない

人前で話す技術は、成功するために最も重要な能力のひとつです。明確かつ効果的なコミュニケーション能力があれば、そういう能力を持たない人よりも、はるかに優位に立つことができるのです。

組織では、すぐれたコミュニケーション能力を持ち、人々を勇気づけることができる人材が求められています。人前で話すことがうまければ、昇進のチャンスに恵まれる可能性が高くなります。

ほとんどの人は人前で話すのを恐れ、それを避けようとします。しかし、それは大きな間違いです。人前で話すことがどれほど怖くても、スピーチの技術を磨くことを心がけましょう。最初はそれほど無理をする必要はありません。どの技術でもそうですが、スピーチの達人になるためには時間がかかります。

実際に人前で話をすればするほど、自信がついて技術に磨きがかかっていきます。**人々は、聴衆の前で話をする勇気と技術を持っている人を賞賛し尊敬するのです。**

64

小さな約束をおろそかにしない

あなたは日ごろ約束を守っていますか？　約束を守るという表現を厳密に解釈してください。たとえば、何かを頼まれて「今日中にします」と約束したとします。その日のうちにそれをするなら、約束を守ったことになりますが、翌日になってそれをするなら、約束を守ったことにはなりません。

「一日くらい遅れても大きな問題ではない」と思うかもしれません。しかし、それは大きな問題なのです。**不正確な発言をするたびに、あなたの信頼性が少しずつ損なわれるからです。**

信頼してもらうことの大切さを軽んじてはいけません。人はみな、約束をしっかり守る誠実な人とつき合いたいと思うものです。あなたが小さな約束を守らないなら、相手は「大事な約束も守ってもらえないかもしれない」と不信感を抱きかねません。

「たった一日しか違わないではないか」とあなたは反論するかもしれません。しかし、大きな業績を上げたいなら、「たった一日しか違わないから問題はない」という考え方は今すぐに改めるべきです。大目に見てくれる人もいるでしょうが、「もうこんな不誠実な人とはつき合いたくない」とうんざりする人もいるからです。

自分では些細なことだと思っていても、相手にとっては大切なこともあります。約束をしっかり守らないと、相手に不安を与えてしまうおそれがあるのです。ともすると、私たちは自分がした約束の波及効果を見落としがちです。人々は約束をもとに計画を立てます。ですから、相手を失望させると、その人がまた別の人を失望させる結果になるのです。

自分のすべての発言を約束と考えましょう。その方針を貫けば、信頼性が高まり、人望を集めることができます。

65

約束が守れないときは それを伝える

約束をするときは、期日について慎重を期す必要があります。たとえば、一週間かかりそうなら、「一両日中にする」と約束してはいけません。ほとんどの人はここで間違ってしまいます。好印象を与えようとして、相手が聞きたがっていることを言うからです。

たしかにそのときは相手に好印象を与えることができますが、結局、約束を守れませんから、相手は裏切られたように感じて好印象が消えます。ですから、自分が守れることだけを約束するという心がけが大切なのです。

期日を設定したあとで、不都合が生じることもあります。その結果、期日に間に合わせることができないなら、早めに先方に連絡して別の期日を設定すべきです。当たり前のように思えるかもしれませんが、こんな簡単なことが意外とよく見落とされています。

期日に間に合わせることができないのに、先方に気づかれないように黙っているのはまずいやり方です。相手はあとで必ず気づいて、あなたを信頼しなくなります。期日が守れずに相手を怒らせ、抗議の電話を受けて謝罪するよりも、事前に連絡をして相手の了解をとったほうがはるかに賢明です。そうすれば、相手は自分のことをしっかり覚えてもらっていたことに感動するでしょう。

約束をしっかり守り、それができないときは事前に連絡すれば、あなたはその他おおぜいから抜け出すことができます。人々はあなたを信頼し、あなたのまわりに集まってきます。

約束をしっかり守れば、周囲の人はあなたの誠実な人柄を高く評価し、あなたを尊敬するようになります。

66

常に誠実でいる

「ブーメランの原理」というものがあります。それは、自分の言動が自分に返ってくるということです。私たちは意識しているかどうかは別として、毎日、ブーメランのやり取りをしています。たとえば、愛情と尊敬を持って相手に接すれば、相手も同じように愛情と尊敬を持って接してくれます。

ブーメランの原理はネガティブな言動にもあてはまります。相手を批判すると、自分も批判されます。あとで驚いてはいけません。自分の言動が自分に返ってきただけのことです。不誠実な言動のあとにはネガティブな結果が待ち受けています。

しかし、こんなふうに疑問を感じる人もいるでしょう。

「人をだまして成功している人間がいるが、彼らはなんの罰も受けていない。その反対に、多くの正直な人間が報われていない。不公平ではないか」と。

ここで、ブーメランの原理についてよくある誤解を解いておきましょう。多くの人がこの原理を信じないのは、長期的な視点に立って物事を見ていないからです。言動の結果がすぐに現れるとはかぎりません。実際、原因と結果の間には時間的な隔たりがある場合が少なくないのです。

自分が人を助け、友人に誠意を尽くし、仕事に精を出し、家族を愛しているのに、なんの恩恵も受けていなくても落胆する必要はありません。恩恵を見落としているだけかもしれませんし、やがて大きな恩恵を受けるかもしれないからです。

遅かれ早かれ、不誠実な人間は不誠実な言動のネガティブな結果に直面することになります。やがて人々はその人間が信頼に値しないことを見抜いて、「あれは悪い人間だ」と言うでしょう。そして、不誠実な人間の短期的な成功は崩壊します。

あなたの言動は、いずれなんらかの形であなたに返ってきます。そのことを肝に銘じ、常に誠実な言動を心がけましょう。

67

自分が求めるものを人に与える

人々がブーメランの原理になかなか気づかない理由のひとつは、自分が奉仕した相手からお返しが来ると思い込んでいるからです。ところが、実際はそうでないことが多いのです。お返しがいつどこで来るかは決してわかりません。しかし、それはいつかどこかで必ず来ます。

自分が奉仕した相手から奉仕してもらえることもありますが、そうでないこともあります。あなたがすべきことは、心をこめて人々に奉仕し続けることです。

この原理を実感する最も簡単な方法は、それを反対側の視点から眺めることです。つまり、自分に戻ってくるものに意識を向けるのです。そうすれば、自分が何を与えているかがはっきりとわかります。

たとえば、友情や愛情や誠実さのように、自分がほしいものを受け取っていないなら、自分がそれを周囲の人に与えていないのではないかと疑ってみる必要があります。自分が周囲の人に与えていないものは、自分にも与えられません。何かを与えることによって、初めてそれが自分に戻ってくる流れをつくることができるのです。

言い換えれば、何かを発信すれば、それを受信するということです。

愛情を求めているなら、愛情を与える必要があります。人々に感謝されたいなら、人々に感謝の気持ちを表現する必要があります。人々に助けてほしいなら、人々を助ける必要があります。

あなたは今までそういう発想をしたことがなかったかもしれません。しかし、ブーメランの原理を実践すれば、それが真理であることを実感するでしょう。

68

まず自分から先に奉仕する

ブーメランの原理を仕事に応用して業績をあげる方法について説明しましょう。成功への道を歩む過程で、人々の支援と協力は不可欠です。何事であれ、人間は自分だけの力で成功することは決してできません。人々の支援と協力を得ることができて初めて成功への道を邁進することができるのです。

では、人々の支援と協力を得て成功するための最善の方法は何でしょうか？　**できるだけ多くの人を助けて、彼らが目標を達成するのを手伝うことです。**しかし残念ながら、そういう発想をする人はかぎられています。ほとんどの人は自分が与えることよりも、自分が受け取ることばかり考えているからです。

たとえば、ネットワークづくりの会合を例にとって考えてみましょう。あなたはそれに出席して他社の人と名刺を交換したことがありますか？　もしあるなら、実際に多くのお客を紹介してもらっていますか？　たまにはお客を紹介してもらえることもあるかもしれませんが、それはきわめてまれでしょう。

人々は助けてもらって初めて相手を意識するようになります。あなたがいくら名刺を配ったところで、彼らには何の役にも立たないのです。あなたが人々にお客を紹介して初めて、人々はあなたのことを覚えます。お客を紹介することによって初めて人々に奉仕することができるからです。あなたが人々に奉仕すれば、その人たちもお返しとしてあなたに奉仕したいと思うようになります。

何かをしてもらうことばかり考えてはいけません。まず自分が人々に何かをして奉仕するという発想が大切なのです。

69

常に一生懸命に働く

まず指摘しておきたいのは、この世に重要でない仕事はひとつもないということです。会社が繁栄するためには、初歩的な仕事が不可欠です。

たとえばレストランでは、トイレの掃除をする人はたいへん重要な役割を担っているといえます。もしトイレが汚れていたら、そのレストランの客は激減するでしょう。考えようによっては、トイレが清潔であるほうが、料理がおいしいことよりも大切かもしれません。

どんな仕事にもチャンスはあります。**もしあなたが常に自分の仕事にベストを尽くしていれば、会社の人たちは必ず気づきます。**上司はあなたを高く評価し、より高いポストを与えてくれるはずです。

とはいえ、いつ昇進できるかについては、組織によっても、あなたの能力によっても違いがあるでしょう。しかし、ひとつだけはっきり言えるのは、短期間に出世することはできないということです。

自分の評価を確立して高い地位に就くためには何年、何十年という月日がかかります。自分の仕事を毎日一生懸命にして、自分の価値を証明して初めて、昇進できるのです。周囲の人は必ずあなたの業績に気づきます。それまでは辛抱強く努力を積み重ねて、常にベストを尽くし、自分が組織の貴重な一員であることを証明しましょう。

LESSON 7

ピンチをチャンスに変える

失敗なんてたいしたことではない。
失敗は、もっと利口な方法でやり直すための
機会なのだ。

ヘンリー・フォード
(フォード・モーターの創業者)

70

批判を恐れない

多くの人が成功への道の途中で挫折してしまう主な原因は、他人の意見に惑わされることです。他人の意見に耳を傾けることは大切ですが、批判や拒絶を恐れているかぎり、大きな業績をあげることはできません。

人はみな、批判されると心が傷つきます。しかし、何をしても批判される可能性は常にあります。すべての人があなたの選択に賛成してくれるとはかぎらないからです。

どんなことをしても批判される可能性はあるのですから、批判への最善の対処法について考えたほうが得策です。

多くの場合、批判は個人的な好みを反映したものにすぎないということを覚えておきましょう。実際、人々は「そういうやり方が気に入らない」という言い方をします。

以前、企業の社員研修プログラムを担当していたとき、一部の参加者から「講義ばかりで質疑応答の時間が少ない」という指摘がありました。しかしその一方で、「質疑応答の時間を減らして講義の時間を増やしてほしい」という要望もありました。

要するに、人々はさまざまな好みと興味とニーズを持っていますから、**すべての人を満足させることはできないということです。**どの選択肢を選ぼうと、誰かがなんらかの不満を抱くものなのです。

71

批判を乗り越える

時には、他の人に批判されることもあります。たしかに批判されることは愉快ではありません。では、批判されたときはどういう心構えで対処すればいいのでしょうか。次の三つのことを覚えておきましょう。

1　**批判から学びましょう。**批判が見当違いのこともありますが、ほとんどの場合、相手の主張にはなんらかの真理が含まれているものです。まずは批判をどう役立てることができるか、よく考えてみましょう。

2 批判好きな人は相手にしてはいけません。絶えず他人を批判する人がいますが、批判するのが好きな人は他人のあら探しをするばかりで、ほめることはめったにありません。そういう人に批判されても、気にする必要はないのです。

3 自尊心を高めましょう。しょっちゅう批判されるのは、自分の自尊心が足りないからかもしれません。あなた自身にも責任があるということです。

私たちは、自分の自尊心のレベルに合致した人たちを引き寄せます。たとえば、自分が価値のある人間だと思っているなら、敬意を持って接してくれる人と縁ができますが、自分が価値のない人間だと思っているなら、無礼な扱いしかしてくれない人と縁ができるものです。

自尊心を高め、もっといい扱いをされる価値が自分にはあると確信することによって、自分を批判する人よりも支援してくれる人を引き寄せることができるのです。

72

批判の中に学べる点を見つける

批判を自分への個人攻撃と解釈してはいけません。人々は相手を批判するとき、相手の人格を否定しているのではなく、相手の意見や仕事ぶりが気に入らないことを指摘しているにすぎないからです。

誰が何を言おうと自信を失う必要はありません。最終的に、他人の発言を気にするかどうかを決めるのは自分自身です。

「批判は学習のための貴重な教材である」という格言があります。まったくそのとおりです。批判から学ぶことはたくさんあります。**批判されたときは、相手の発言の中から的確な指摘を探しましょう。**批判には有益な情報が含まれていることがよくあります。あなたの課題は、それを見つけて有効に利用することです。
たとえば、上司から「君はいつも会議に遅刻する」と注意されたとしましょう。発言内容は不正確かもしれませんが、会議に遅刻することが時々あるなら、貴重な指摘と受けとめて時間厳守の方法を考えるべきです。

批判について考えるとき、多くの人がネガティブな側面に対してのみ意識を向ける傾向があります。批判する人が公平を期して正確な発言をすることはめったにありません。ポジティブな側面がたくさんあっても、そういうことには意識を向けようとしないのです。相手がうまくできたことについては何も言わず、うまくできていないことだけを指摘するのが自分の役割だと思っているのでしょう。

一般に、辛辣な批判をする人は、精神的に不安定である場合が多いのです。そういう人は、他人を侮辱するような意地悪な発言を平気でする傾向があります。ターゲットを選んで、日ごろの欲求不満をぶちまけるのです。そういう人の言うことを真に受けて失望する必要はありません。

73

拒絶されてもあきらめない

仕事に拒絶は付き物ですが、とくに営業という仕事では人々に拒絶されることが頻繁にあります。たとえば、契約を交わそうとすると、人々は「ノー」と言うものです。しかし、彼らはあなた自身を拒絶しているわけではありません。

営業で成功するためには、拒絶されたときにできるだけ早く気持ちを切り替えることが必要です。ある見込み客に断られたら、すぐに次の見込み客に意識を移せるかどうかが成否の分かれ目になります。

ほとんどのスター俳優は、脚光を浴びるまでに何度も拒絶されています。スターダムにのし上がった人たちの粘り強さには感心させられます。多くの人はスターの富と名声に注目しがちですが、彼らが乗り越えてきた数々の拒絶については思いが至りません。

シルベスター・スタローンがその典型です。自分で「ロッキー」の脚本を書いて、何人もの映画プロデューサーに見せたところ、そのうちの数人が脚本を買い取って実績のある俳優を主役に起用したいと申し出ました。しかし、彼は自分が主演すると主張して譲らなかったのです。その結果、何度も拒絶を経験しましたが、ついに自分を主役で起用することに同意してくれるプロデューサーにめぐり合いました。その後、映画は世界中で大ヒットし、彼は華々しいデビューを飾りました。

当初、彼が何度も拒絶されたことを忘れてはいけません。もし一度か二度拒絶されたときにあきらめてしまっていたら、どうなっていたでしょうか？

ほとんどの成功者は簡単に成功したわけではありません。彼らは数々の拒絶を乗り越え、失敗を経験しながら確固たる地位を築き上げたのです。

74

視点を変える

あなたは問題に遭遇したときに落ち込むことがよくありますか？　もしそうなら、それはあなただけではありません。ほとんどの人は問題に遭遇すると、「大変なことになった」とか「お先真っ暗だ」などと嘆くからです。その結果、さらにネガティブな事態を招き、さらにネガティブに考え、さらにネガティブな事態を招きます。まさに悪循環です。

問題をネガティブな視点から眺めているかぎり、「困った問題だ」と確信することになります。しかし、たとえ悪いと思えるような状況でも、別の視点から眺めると視界が開けてきます。

問題に遭遇することは一時的な挫折にすぎず、教訓を学びとるための貴重な経験なのです。そのときは「困った問題だ」と思えても、視点を変えればポジティブな面があることを発見できるはずです。常にそういう前向きな姿勢でいれば、挫折してもすぐに立ち直ることができます。

プロボクシング史上初めて世界へビー級チャンピオンに二度返り咲くという快挙を成し遂げ、「世界最強の男」と呼ばれたモハメド・アリが、こんなことを言っています。

「リングの上でも人生でも、ダウンすることはなんら問題ではない。ダウンしたままでいることが問題なのだ」

75

逆境の中に恵みの種を見つける

自己啓発の大家として知られるナポレオン・ヒルは、「あらゆる逆境の中には、それと同等か、それ以上の恵みの種が隠されている」と言っています。この深遠な真理を理解すれば、あなたは人生を飛躍的に好転させることができます。

ポジティブな心の持ち方を維持し、恵みの種を発見する準備ができているなら、どのようなネガティブな出来事であっても恩恵をもたらす可能性があります。

仮に、上司があなたに「君はもうクビだ」と言ったとしましょう。これは明らかにネガティブな出来事です。もしそんなことになったら、さらにいい仕事を見つけることは可能でしょうか？

おそらく、ほとんどの人はこの出来事をネガティブに解釈するはずです。しかし、そういう解釈の仕方はやめたほうが得策です。それには、ピンチをチャンスに変える思考回路をつくる必要があります。いったんこの新しい思考回路を確立すれば、仕事でも日常生活でも違いが実感できて驚くはずです。

ネガティブな出来事が起こっても、「この出来事に秘められた恵みの種はなんだろうか？」と自問する習慣を身につけましょう。そうすれば、必ずなんらかの恵みの種が見つかります。

76

早く気持ちを切り替える

ネガティブな出来事の中にポジティブな側面を見つけることは、現実を否定することではありません。ですから、たとえば得意先が取引を停止したときに喜ぶ必要はありません。大切なのは、早く気持ちを切り替えることです。いつまでもネガティブな思考を続けて過去に執着しても、何の得にもなりません。

このことは大きな挫折に対してだけではなく、日常のあらゆる出来事に応用できます。たとえば、電車に乗り遅れて次の電車に乗ったところ、予期せぬ出会いがあって道が開けるかもしれないのです。

要するに、**どのような問題でも、心の持ち方しだいで恩恵をもたらす可能性があ**

るということです。人はみな、逆境を経験します。そのときに恵みの種を見つける習慣があるかどうかが、成否の分かれ目になるのです。これはいくら強調しすぎてもしすぎることがないほど大切な習慣です。

イギリスの首相ウィンストン・チャーチルが、面白いことを言っています。

「楽観主義者はあらゆる災難の中にチャンスを見るが、悲観主義者はあらゆるチャンスの中に災難を見る」

逆境を経験したときは、災難の中にチャンスを見るように心がけましょう。仕事でも人生でも逆境を乗り越える人は、逆境の中に恵みの種を見つけるのがたいへんうまいのが特徴です。

77

困難の中にこそチャンスを見いだす

物事がうまくいかないときに落ち込んでしまう人は多いものです。この問題はどのように解決すればいいのでしょうか。

人はみな、挫折と失意を経験します。しかし、成功しない人は、困難に直面すると嫌になって途中で投げ出してしまいます。成功する人は、逆境をポジティブなものに転換する方法を知っています。

自己啓発の大家ナポレオン・ヒルは二十世紀初頭に、ヘンリー・フォードやトーマス・エジソンといったアメリカの偉大な成功者に話を聞きました。すると、彼らの多くは「仕事上の最大の勝利は、最大の失敗の直後におさめることができた」と語ったそうです。

この原理を応用すれば、あなたの人生は劇的に変化します。困難に直面したときにやる気をなくすのではなく、その問題に潜んでいるチャンスを探せばいいのです。成功者は試練を勝利に変える方法を知っています。ですから、彼らは失業しても落ち込まず、さらにいい仕事を見つけるのです。

挫折を経験したとき、がっかりするのは当然です。しかし、意欲を喪失してはいけません。**人生は振り子のようなものです。**振り子は一方に振れると、必ずその反動で反対方向に振れます。困難のあとには勝利が待っています。物事がうまくいかないときは、チャンスがもうすぐ現れることを覚えておきましょう。

78

挫折をバネにする

マイケル・ジョーダンといえば、プロバスケットボールの歴史に残るスーパースターです。しかし、彼が高校時代に遭遇した出来事について知っている人は少ないでしょう。

彼は高校の入学時にバスケットボールチームの入部テストを受けたのですが、技術的に未熟だという理由で落とされたのです。

そのときに彼はどうしたでしょうか? 落とされたことに不平を言うのではなく、二度と落とされないよう技術を磨く決意をしたのです。毎朝、早起きして学校が始まる前に練習し、翌年、入部テストに合格しました。その後、大学に進んで急成長を遂げ、プロになってスーパースターにまで成長しました。

マイケル・ジョーダンが才能を磨く原動力となったのは、高校のバスケットボールチームに入れなかったことです。彼は挫折を経験し、謙虚な姿勢でそこから学んだのです。そしてその経験を生かして潜在能力を存分に発揮し、やがて素晴らしい選手に成長しました。

「能力は誰にでもあるが、その能力を開花させるためには努力が必要だ」というのが彼のモットーです。

逆境は偉大さを生み出す力を秘めています。 マイケル・ジョーダンは高校のバスケットボールチームに入れなかったとき、ふてくされてあきらめることもできたのですが、挫折をバネにして選手としての力量を高める決意をしました。彼は選手生活を振り返り、「私が成功したのは、何度も失敗したからだ」と語っています。

仕事や人生がうまくいかなくても、あきらめてはいけません。気持ちを切り替えて努力することによって初めて能力が開花するのです。

Lesson 8

自分の強みを伸ばす

人間が自分らしくあるためには、
音楽家は音楽を演奏し、画家は絵を描き、
詩人は詩を書く必要がある。
結局、人間は自分にできることをするのが一番いいのだ。

エイブラハム・マズロー
（アメリカの心理学者。自己実現の重要性を主張）

79

自分が持っているものに意識を向ける

ほとんどの人は、自分を他人と比較しがちです。たとえば、周囲の人がどれくらい稼いでいるかとか、職場の同僚が自分より先に昇進したといったことです。しかし、そうすることによって気分がよくなるでしょうか？

他人との比較はネガティブな感情につながります。自分より稼いでいる人や自分よりいい仕事に就いている人を見つけて比較しがちだからです。たとえ自分が同僚より稼いでいても、もっと稼いでいる人を見つけて、その人を追い越そうと躍起になるでしょう。

これは永遠に勝ち目のないゲームです。あなたがどれだけ稼いでも、その上には必ずビル・ゲイツがいますから！

興味深いことに、私たちは自分より少ないものしか持っていない人たちと自分を比較することはめったにありません。たとえば、貧困地区を歩いて、自分がはるかに多くのお金や物を持っていることに満足する、といったことはしないのです。その結果、私たちは自分がどれほど成功していても、失敗者のように感じてしまいます。

他人との比較は時間と労力のムダです。発想を切り替えて、自分が受けている恩恵について考えましょう。

80

自分らしさに磨きをかける

他人と同じ指紋を持っている人はいません。地球上に六十億を超える人々がいて、どの人も独自の指紋を持っています。人はみな、個性的な存在なのです。実際、あなたとまったく同じ性格、才能、遺伝子を持っている人はほかに一人もいません。

成功の秘訣のひとつは、自分に備わっている独自の才能を最大限に発揮し、自分らしさに磨きをかけることです。自分を他人と比較したり他人の真似をしたりするとき、あなたは自分らしさに磨きをかけているとはいえません。

たとえば、もしあなたが絵を描くのが好きではないならば、画家になったところで成功する見込みはあまりありません。おそらく、みじめな気分で過ごすことになるでしょう。練習して絵が多少うまくなっても、それはあなたの適職ではありません。結局、いくら働いても充実感が得られず、心の中で「これは自分のライフワークではない」と叫び続けることになるでしょう。

あなたの独自の才能は何ですか？ それを見つけて最大限に発揮するなら、きっと充実感が得られるはずです。

81

自分が進歩するために行動を起こす

自分を他人と比較しているかぎり、成功への道を閉ざしてしまうことになります。自分より多くのお金を持っている人のことを考えるとき、あなたは心の中で「あれほどのお金を稼ぐのは自分にはムリだ」と思い、ネガティブな気分になり、それがネガティブな結果を招くからです。

他人がどれくらい成功しているかを気にしてはいけません。そんなことより自分の進歩に意識を集中しましょう。**人は人、あなたはあなたです。**自分が今日どれだけ進歩するかを考えることが大切です。

新しいスキルを開発する必要があるなら、すぐにそれに取りかかりましょう。もっとお金がほしいなら、もっと稼ぐ方法を見つけて行動に移しましょう。そうすれば、自分より多く稼いでいる人をうらやんでいるより、はるかに早く目標を達成することができます。

自分を他人と比較して時間をムダにしてはいけません。今すぐに建設的な行動を起こしましょう。

82

成功者を見習う

他人との比較は役に立ちませんが、成功者を見習うのは有意義なことです。成功者と親しくなることも役立ちます。そうすれば、有益な刺激を受けて成功の可能性を高めることができるからです。

しかし、その成功者とまったく同じになることはできません。いくらあなたが特定の成功者のようになろうとしても、あなたの性格はその人の性格とは違いますし、スキルの内容や興味の対象も違います。

要するに、**あなたは特定の成功者と同じようになろうとするのではなく、独自の**

資質や長所を伸ばして、自分らしさを最大限に発揮すればいいのです。

このことを実践しなければ、自分の才能を発揮せずに一生を送ることになるでしょう。それに対し、このことを実践すれば、自分の真の能力に目覚めて才能を存分に発揮することができます。どちらを選ぶかは、あなたしだいです。

83

自分にとっての「成功」を定義する

「成功」とは、どういう意味なのでしょうか。自分が成功しているかどうか、どうすればわかるのでしょうか。

人々に成功の意味をたずねれば、次のような答えが返ってくるでしょう。

・大金を稼ぐこと
・所有欲を満たすこと
・昇進や昇格をすること
・円満な家庭を築くこと

・優秀な子どもを育てること
・精神的な成長をすること
・世の中に貢献すること

「成功とは、以上の要素の組み合わせだ」と答える人が多いでしょう。しかし、その中でどれが自分にとって最も重要かを決めることができるのは、あなただけです。

メディアは常に成功の意味を私たちに押しつけようとします。親や兄弟も成功の意味について意見を言います。しかし、**誰かに成功の意味を決めてもらうのではなく、自分の感情と願望をもとに自分で決める必要があります。**

それに加えて、成長するにつれて成功の意味も違ってきます。人間として学んで成長するにつれて、成功の意味が変わり、自分にとって最も重要なことが変わってくるのです。それはごく自然なことです。

84

恵まれていることに目を向ける

この二十四時間に、あなたの身に何か素晴らしいことが起きたでしょうか？　すぐに答える必要はありません。少し振り返ってみましょう。

都会にはホームレスの人たちがおおぜいいます。毎日、彼らは屋外で風雨にさらされながら暮らしています。そういう生活がどのようなものか想像してください。あなたの自宅には浴室があり、蛇口をひねればお湯が出てきます。入浴すると心身が爽快になります。あなたは入浴できることに感謝していますか？

世の中には科学技術の恩恵をこうむることができず、入浴すらできない人がたくさんいます。あなたはそういう現実を考えたことがありますか？

今まで当然のことのように思っていたかもしれませんが、日ごろの生活の中で感謝すべきことはたくさんあるはずです。見る、聞く、歩くという基本的なことができない人は世の中にたくさんいます。食料がなくて飢えている人もいます。

あなたはたいへん恵まれているのです。衣食住に不自由していませんし、科学技術の恩恵もこうむっています。好きな職業を選択して夢を追い求める自由を保障されている国に暮らしています。言論の自由も保障されていますから、特定の個人や団体を誹謗中傷する以外は何を言っても許されます。しかし、それらの自由が保障されていない国は、世界にたくさんあるのが現状です。

自分の持っていないものに不満を抱いていると、自分が持っているものに意識が向かなくなります。その結果、自分の受けている恩恵に感謝して生活することができなくなるのです。

自分がどれだけ多くのものを持っているか考えてみましょう。そしてその一つひとつに感謝の気持ちを持ちましょう。それはとても大切なことです。

85

感謝しながら生活する

感謝すべき対象がたくさんあるにもかかわらず、私たちはそれを当然のことと思い、自分が多くの恩恵を受けていることに気づいていません。

停電して電気が使えなくなったときのことを考えてみましょう。自分が日ごろ受けている恩恵がひとつでもなくなれば、私たちはすぐに文句を言います。

私たちは自分が生きていることを当然のように思っています。しかしよく考えてみると、私たちの体が機能している様子は奇跡的と言っていいくらいです。こぶしの大きさほどの心臓は、毎日、十万回も鼓動して約八千リットルもの血液を全身に送り出しています。しかも心臓はそれを何十年も継続します。

まず、自分が日ごろさまざまな恩恵を受けているという事実をしっかり認識しましょう。それらの恩恵に意識を向ける習慣を身につけることが大切です。「自分が受けている恩恵の数を数えよう」と紙に書いて、自宅の洗面所の鏡に張っておくといいでしょう。外出するときは、財布にその紙を入れて持ち歩きましょう。そうすれば、毎日、自分が受けている恩恵を思い出して感謝する習慣が身につきます。

毎日、自分が受けている恩恵について考える時間をとることです。すぐにできることですが、その効果には驚くはずです。

自分を育ててくれたことに対し、親に感謝の気持ちを伝えたのはいつのことでしょうか？ **今日、親にお礼の言葉を言いましょう。**さぞかし親は喜ぶでしょうし、あなたもたいへんいい気分になるはずです。

86

常に感謝の気持ちを忘れない

感謝の気持ちが人生の成功とどういう関係があるのか疑問に思っている人もいるでしょう。

人々は過小評価しがちですが、感謝の気持ちはポジティブで力強い感情です。前にも指摘したとおり、人生でよく考えることは拡大します。自分が抱えている問題のことばかり考えていると、さらに多くの問題を引き寄せてしまうのに対し、自分が受けている恩恵について考えれば考えるほど、ますます多くの恩恵を受けることができます。

ポジティブな感情と思考は、まるで磁石のようにポジティブな結果を引き寄せま

す。自分が受けている恩恵に感謝すると、心身にエネルギーがみなぎり、自然と人々が集まってきます。

どの感情にも固有の波動があります。怒りや抑うつ、嫉妬のようなネガティブな感情は低い波動を持っていますから、成功を妨げます。それに対し感謝の気持ちや愛情、希望は高い波動を持っていますから、ポジティブな環境を創造することができます。ポジティブな環境が成功をおさめるためのひとつの条件であることは、前にも指摘したとおりです。

感謝の気持ちを持つことは、人生の成功と大いに関係があります。成功者がさまざまなことに感謝して生活しているのは、決して偶然ではありません。

87

創造性を高める

創造性を高めるにはどうすればいいでしょうか。創造性を高めるうえで最大の障害は、自分が創造的ではないという思い込みです。

そういう思い込みにとらわれると、あなたは創造性を抑圧するよう自分の心に指令を出してしまいます。その思い込みを克服するためには、メモ用紙に「私はいつも創造的で、素晴らしいアイデアをたくさん思いつく」と書き、それをポケットに入れて持ち運んで、一日に何度も確認するといいでしょう。

特定の事柄に意識を集中すれば、創造性を簡単に目覚めさせることができます。

質問に答える形で自分の心を正しい方向に誘導すればいいのです。たとえば、売上を伸ばす方法を考えるときは、「客単価を上げるためにはどうすればいいだろう?」と自問するのです。しばらく考えているうちに、新製品をつくるとか、既存の複数の製品をひとまとめにして売るといった創造的な解決策がいくつも思い浮かんでくるはずです。

私生活でも、「私はどうすれば配偶者や友人、家族、親に感謝の気持ちを伝えることができるだろう?」と自問します。花束やカードを贈るといった平凡なアイデアではなく、さらに創造的な方法を考えてみましょう。たとえば、美術館やスポーツのイベントに誘ってみるというのもいいかもしれません。

すぐに創造的なアイデアが思い浮かばなくても、がっかりする必要はありません。深刻に考え込まずにリラックスしているときに、創造的なアイデアが思い浮かぶこともあります。潜在意識は決して眠りませんから、少し工夫すれば、創造的なアイデアを絶えず見つけてくれるはずです。

88

いいアイデアかどうか判断する

いいアイデアが思い浮かんだかどうか、どうすればわかるのでしょうか。その指標となるポイントは次のとおりです。

1 ワクワクする。いいアイデアが思い浮かぶと、片時もそれを忘れることができなくなります。夜寝る前も、朝起きたときも、それについて考えています。

2 一部の人がそのアイデアを拒絶する。そういう人は「それはうまくいくはずがない」「今までやってみたがダメだった」と言いますが、それは人生があなたの決意を試しているのだと考えましょう。がっかりする必要はありません。多くのいいアイデアは受け入られる前に酷評されるものなのです。

3　あなたの能力に合致している。アイデアはあなたの能力を生かすときにうまくいきます。そのアイデアがあなたに合っていることの証しです。

4　独創的である。誰も試したことのないアイデアなら独創的なアイデアです。独創性というのは、完全に新しいものを考案するという意味ではありません。新しいコンセプトとは、従来のコンセプトを5パーセント変えたもので十分です。

5　アイデアを生かす条件が揃う。いいアイデアが思い浮かんで、それを実行に移そうという強い意志があれば、あなたの探し求める条件は自然と揃うものです。いいアイデアが思い浮かんだら行動を起こしましょう。行動を起こせば必ず成功するという保証はありませんが、行動を起こさないかぎり成功しません。

LESSON 9

重要なことを見きわめ、力を注ぐ

短期的な視野でしか物事を考えない人は
なかなか成功しにくいが、長期的な視野に立って
考える人は成功する可能性が高い。

エドワード・バンフィールド
（ハーバード大学の研究者）

89

重要なことに集中する

人はみな、問題に遭遇しますが、反応の仕方は人によって大きく異なります。マイカーでの通勤途中にタイヤがパンクした二人のビジネスマンを例にとって考えてみましょう。

最初のビジネスマンの場合、「ああ、ついてない」とため息をつき、修理工を呼んで直してもらったが、そのあともぼやき続け、職場に着いてもイライラして仕事がはかどらなかった。

二番目のビジネスマンの場合、「パンクなんて些細なことだ」と考え、修理工を呼んで直してもらい、すぐに気分を切り替えて運転を再開し、職場に着いて前向きな姿勢で仕事に精を出した。

どちらのビジネスマンも同じ問題に遭遇したのですが、一方は腹を立て、もう一方は平然としていました。いったいなぜでしょうか？　二人の違いは、物事の重要性を見きわめているかどうかなのです。

最初のビジネスマンはパンクという些細なことに意識を向けていたために、仕事の大切さを忘れていました。些細な問題なのに、大げさに考える人があまりにも多いのです。そういう姿勢は時間と労力の浪費であり、成功への道を歩むうえで妨げになります。

些細な問題に貴重な時間を浪費するのはやめましょう。大切なことに意識を集中すれば、業績をあげることができるはずです。

90

広い視野を持つ

物事の重要性を見きわめるためには、どうすればいいのでしょうか？　まず、人生で遭遇する問題を広い視野を持って見る習慣を身につける必要があります。具体的には、次のように自問すると効果的です。

・この出来事はどれほど重要だろうか？
・このことは十年後も問題だろうか？

そのように自分に問いかければ、答えはすぐに出ます。ひとつの契約がまとまらなくても人生に影響をおよぼしません。たしかにそのときはがっかりするかもしれませんが、それで人生が行き詰まるわけではありません。要するに、**大勢に影響をおよぼさないような問題について、いつまでもこだわってはいけない**ということです。

物事の重要性を見きわめれば、心配を軽減し、ネガティブな感情を解消し、大切なことに意識を集中することができます。その結果、生産性を高めて成功へと邁進することができるのです。

91

問題を過大にとらえない

問題に直面するたびに立ち止まっていると、成功をおさめることが困難になります。物事の重要性を見きわめるために、ほかにどういうことができるでしょうか？

簡単にできる訓練を紹介しましょう。

あなたはこの十年間でなんらかの問題を抱えたことが何回くらいあるでしょうか？　たとえば学校のテストについて心配したとか、翌日のプレゼンテーションについて緊張したとか、そういったことです。思い出せますか？

時間をかければ、いくつか思い出すでしょうが、それでもそんなに多くはないはずです。いずれにしても、そのときはたいへん重要だと思っていた出来事が、じつは、数年後にはまったく覚えていないほど些細だということです。

物事の重要性を見きわめられるようになれば、**本当に重要なことは少ししかない**という事実に気づくはずです。些細な問題にこだわると、広い視野で物事を見ることができなくなります。物事の重要性を見きわめることによって、生産性の向上や心の平和が実現することを考えると、そのために努力する価値は十分にあります。

92

毎日の時間を最大限に生かす

成功しようと思ったら、時間の使い方は非常に重要です。仕事の状況を尋ねると、「すごく忙しい」とか「バタバタしている」と答える人がよくいます。忙しいことを自慢しているかのようです。

しかし、忙しいからといって成功するとはかぎりません。大切なのは、どれほど忙しく働くかではなく、結果が出るような生産的なことをするかどうかです。

毎日、すべきことをリストアップしてその日の計画を立て、照準を定めるといいでしょう。あなたがそれを実行しているとしたら素晴らしいことですが、それだけでは十分ではありません。リストアップした課題が最も有効な時間の使い方かどうかが重要です。

たとえ生産的でなくても、自分にとって楽だったり気分がよかったりすることに流れてしまいがちなのが人間です。ですから、自分を律しなければなりません。あなたはその日の中で優先順位の最も高いことからしていくように、常に心がける必要があります。

時間をとって明日の活動のリストを作成しましょう。明日すべき最も重要なことは何でしょうか。ひとつかもしれないし、複数かもしれません。しかし、どんなに多くても五つ以内にすることです。その中にはあまりしたくないことも含まれているかもしれませんが、それも目標達成に役立つはずです。課題を重要度の順に紙に書いてみましょう。

明日の朝、最も重要な課題から取りかかり、重要度の順に次々と課題を終えていきましょう。仕事をするときは、一つひとつの課題に集中することが大切です。そして、一日が終わったら、翌日のための新しいリストを作成しましょう。

93

よりよい決断をする

人生の重大な問題について適切な解決策を見つける方法を紹介しましょう。

1　自分の能力に自信を持ちましょう。 自分ができると思えば思うほど、ますます大きなことを成し遂げることができます。したがって、できると思う範囲を広げれば、さらに大きなチャンスをつかむことができるのです。

2　決断力を持ちましょう。 ほとんどの決断は生死にかかわる問題ではありません。しかし、多くの人はあらゆる可能性を考えすぎて立ち止まってしまいます。何も決定しないより、ひとつのコースを選んで前進するほうがいいのです。もしその決断がうまくいかなかったなら、あとで修正すればいいだけです。

3 自分にとって何が一番いいかを考えましょう。他の人の要望にもとづいて決断すると、結局、不満を感じやすくなります。他の人の目標を追い求めても幸せにはなれません。

4 勇気を持ちましょう。勇気は、適切な答えを導いてくれる資質です。自分の潜在能力を限界まで開発して行動を起こす勇気を持ちましょう。イギリスの名宰相チャーチルは言っています。「勇気がなければ、ほかのすべての資質は意味をなさない」

人生は自分独自の強みを発見し発揮する冒険です。勇気を出し、自分に正直になり、大きな期待を抱き、粘り強く努力を積み重ねましょう。そうすれば、自分の決断に対して最高の結果が出てくるはずです。

94

規律を便利な手段ととらえる

あなたは規律という言葉に対して、どういうイメージを思い浮かべるでしょうか？　間違ったことをしたときに親や先生に叱られるとか、兵士が毎朝早く起きて上官の命令にしたがう軍隊の厳しい訓練を思い出すかもしれません。

実際、ほとんどの人が規律という言葉に対してネガティブな印象を抱いているようです。しかし、成功者は別の解釈をします。成功者は規律という言葉を、目標を達成するのを助けてくれる便利な手段ととらえるのです。

辞書によると、規律は「心身の鍛錬、自制心」と定義されています。要するに規律とは、なんらかの有益な習慣にしたがい、有害な習慣を制限または排除するよう心身を鍛錬することです。

規律はポジティブな結果をもたらします。規律にしたがえば、目標を達成することができます。たとえば、業績をあげる、貯金をする、体力をつける、といったことです。目標を達成するためには、人より長くかかることもあれば短期間で済むこともありますが、規律はあなたを確実に成功へと導いてくれます。

95

進んで自分に規律を課す

一般に、成功する人は、成功しない人がしたがらないことを喜んでします。規律にしたがうことが長い目で見て大きな収穫をもたらすことをよく知っているからです。たとえば、業績をあげる営業マンは、気分が乗らないときでも多くの顧客と見込み客に電話をかけます。一流のスポーツ選手も同様です。

タイガー・ウッズの例を紹介しましょう。彼は世界一のゴルファーになるために自分に厳しい規律を課してきました。今でも毎日何時間ものハードトレーニングをし、絶えず技術の向上に励んでいます。

彼の規律に関する興味深い事実があります。約二メートル離れてパットの練習をし、連続百回成功するまで続けるというのです。一回ミスしたら、また最初からやり直す。これだけの規律を自分に課している人はごくわずかでしょう。

彼は試合でどれだけ劣勢でも、絶対にあきらめません。ピンチのときは、「自分を信じてプレーを続ければ必ず挽回できる」と自分に言い聞かせるそうです。ゴルフをしない日は、約四時間、みっちりとトレーニングに励んでいます。たとえば、心肺機能を高めるために室内で固定自転車に乗り、ルームランナーで負荷をかけながら走り込みをします。上半身を鍛えるためにクライミングマシンを使って壁をよじ登る練習をします。バーベルを使って筋力トレーニングにも精を出しています。

彼が大成功をおさめたのは、天性の素質に恵まれたこともありますが、それだけでなく、オフのときも絶えず猛練習を自分に課しているからです。

成功する人は、成功しない人がやりたがらないことを進んでやります。その差が規律であり、その積み重ねが成否の分かれ目になるのです。

96

規律によって意欲を高める

規律にはもうひとつの側面があります。それは、**規律が意欲をもたらす**ということです。

たとえば、あなたがダイエットをして最初の二週間で三キロやせたとします。意欲がわいてきて、もっと続けようと思うはずです。その結果、さらに大きな成果をあげ、「規律にしたがって生活習慣を改善したら体重が減った。他の分野でも同じように努力をしてみよう。今度は、経済的にゆとりのある生活をするために、毎月きちんと貯金をする習慣を身につけよう」と考えるようになるかもしれません。

そしてあなたは実際に毎月の給料の二割を貯金し、銀行の預金残高が増えていくのを見て満足します。

つまり、ある分野で進歩を遂げれば、規律にしたがうことの効果が実感できて、他の分野でもポジティブな変化を起こそうという気になるのです。規律が意欲をもたらすというのは、そういう意味です。規律にしたがうことはいつでも楽しいとはかぎりませんが、努力するだけの価値は十分にあります。

97

倫理に反することはしない

組織において、倫理に反するようなことを命令されたらどうすべきでしょうか。答えは簡単です。その仕事を引き受けてはいけません。たしかに困難な決断ではあります。仕事を拒否すれば左遷されたり失業したりするおそれがあるからです。

しかしこれは大事なことですから、もう一度繰り返します。組織の命令だからといって、倫理に反するような仕事を引き受けてはいけません。あなたは倫理に反するようなことを要求する組織で働くべきではないのです。

あなたがすることは、遅かれ早かれ、あなたに返ってきます。あなたが人にウソをつけば、その人もあなたにウソをつきます。人に親切に接すれば、あなたも親切に接してもらえます。

あなたは自分の評判を大切にしなければなりません。**いったん自分の評判を落としてしまうと、汚名を返上するのは大変です。**

組織のためなら倫理に反することでもするような、不誠実な人間になってはいけません。世間からそういう評価を受けることは、あなたにとってはなんの利益にもなりません。

98

発想を転換する

成功をおさめるためには、アラジンの魔法のランプは必要ありません。あらゆることにポジティブな目的を見いだせばいいのです。

出来事がネガティブであってもポジティブであっても中立的であっても、それには目的があることを理解しましょう。

次に、現状を嘆いてはいけません。ストレスのたまる状況に遭遇したとき、多くの人はすぐに落ち込みます。ますますネガティブな結果を生む悪循環の始まりです。

その反対に、**困難な現状に直面していることには目的があるというふうに発想**

を転換すれば、心の持ち方がまったく違ってきます。

さらに、物事が展開するのを受身の姿勢で傍観してはいけないということです。目標を達成するために行動を起こすかどうかは、あくまでも自分しだいです。

成功するのを夢見てじっと待っているかぎり、永遠に成功しません。積極的に行動することが大切なのです。

99

何があっても前に向かって進む

会社をクビになって、もっといい仕事が見つかることもあります。異性との関係が破局して、もっといい人とめぐり合うこともあるでしょう。どちらの場合も、あなたがさらにもっと満足するように人生が後押しをしてくれているのです。

もちろんそういう選択肢を台なしにすることもできます。たとえば、会社をクビになったあとで文句を言い続けたり、恋愛が破局したあとで自分の不運を嘆き続けたりするのがそうです。しかし、そういう後ろ向きな姿勢では、めぐってきたチャンスをものにすることはできません。

あらゆることは目的があって起こります。それに気づけば、可能性に満ちた新しい世界が開けてきます。

「どうしてこんな目にあうのだろう？」と嘆いているかぎり、道はひらけません。教訓を学んでチャンスを探しましょう。

実際に起こってしまったことを嘆いていても、今さらどうしようもありません。もしかしたらこの出来事には素晴らしい目的があるのではないかと発想を転換し、前を向いて歩き出しましょう。

100

人生を意義深いものにする

意義深い人生を送るうえで役立つ三つの考え方を紹介しましょう。

1 **自分の才能を他の人たちのために役立てましょう。**人生の目的のひとつは、自分に与えられた独自の才能を発見し、それを他の人たちのために役立てることなのですから。職業に貴賎はありません。脳外科医であれ、弁護士であれ、靴磨きであれ、ビルの清掃係であれ、他の人に奉仕することに関しては同等です。どのような仕事をするにしても、心をこめて打ち込みましょう。

2　人々に愛と親切を伝えましょう。つまるところ、私たちがこの地球上に存在するのは、愛の大切さを学び、できるだけ頻繁に愛を伝えるためです。人を批判して満足を得ようとしてはいけません。それは建設的ではありません。私たちは人を愛するときに大きな満足を感じることができるのです。愛と親切を伝えれば、愛と親切があなたのもとに戻ってくるはずです。

3　自分に正直になりましょう。世間はあなたがおおぜいの人と同じようになることを求めます。そしてほとんどの人がその圧力に屈してしまいます。彼らは周囲の人と同じことをし、メディアのつくり出すトレンドに踊らされます。しかし、他人に決めてもらった人生を送っても、幸せになることはできません。周囲の人が賛成してくれなくても、自分の気持ちに正直になる勇気を持つことが大切です。

おわりに

あなたが本書を読み終えたことに拍手をしたいと思います。それは、自らの潜在能力を最大限に発揮しようという意気込みの表れです。

本書を何度も読み返してみてください。物事は繰り返しが大切です。本書に書かれている方法を心に刻んで行動を起こすとき、あなたは突破口を開くことができるでしょう。

すでにどの程度の成功をおさめたかに関係なく、あなたはさらにもっと大きな成功をおさめることができます。本書に紹介した方法を絶えず実践すれば、経済的な成功をおさめ、素晴らしい人間関係を築き、充実した幸せな人生を送ることができます。あなたは、自分がこれから手に入れるポジティブな結果に驚くはずです。

あなたは今後も障害に遭遇したり挫折を経験したりするでしょう。しかし、本書に書かれたことを実践すれば、障害や挫折をうまく乗り越えることができます。

教育は学校を卒業したら終わりというものではありません。大成功をおさめる人たちは、人生の師を見つけたり本を読んだりすることによって生涯にわたって学び続けます。学校教育は生計を立てるのに役立ちますが、生涯にわたる自己啓発は財産を築くのに役立ちます。それは物心両面の財産です。

物事は目的があって起こります。あなたが本書を手に取ったことにも目的があります。それは明るい将来を切り開く心の準備ができている証しです。

人生を歩んでいくうえで大切なのは、自分を信じることです。夢を追い求める勇気と粘り強さを持ってください。そうすれば、夢は必ず実現します。

ジェフ・ケラー

働くあなたに伝えておきたい100のこと

発行日　2019年　2月28日　第1刷

Author　ジェフ・ケラー
Translator　弓場隆

Book Designer　坂川朱音　田中斐子(朱猫堂)

Publication　株式会社ディスカヴァー・トゥエンティワン
〒102-0093　東京都千代田区平河町2-16-1 平河町森タワー11F
TEL　03-3237-8321(代表) 03-3237-8345(営業)
FAX　03-3237-8323
http://www.d21.co.jp

Publisher　干場弓子
Editor　藤田浩芳　千葉正幸

Marketing Group
Staff　清水達也　小田孝文　井筒浩　千葉潤子　飯田智樹　佐藤昌幸
谷口奈緒美　古矢薫　蛯原昇　安永智洋　鍋田匠伴　榊原僚
佐竹祐哉　廣内悠理　梅本翔太　田中姫菜　橋本莉奈　川島理
庄司知世　谷中卓　小木曽礼丈　越野志絵良　佐々木玲奈　高橋雛乃

Productive Group
Staff　原典宏　林秀樹　三谷祐一　大山聡子　大竹朝子
堀部直人　林拓馬　松石悠　木下智尋　渡辺基志

Digital Group
Staff　松原史与志　中澤泰宏　西川なつか　伊東佑真　牧野類
倉田華　伊藤光太郎　高良彰子　佐藤淳基

Global & Public Relations Group
Staff　郭迪　田中亜紀　杉田彰子　奥田千晶　連苑如　施華琴

Operations & Accounting Group
Staff　山中麻吏　小関勝則　小田木もも　池田望　福永友紀

Assistant Staff
俵敬子　町田加奈子　丸山香織　井澤徳子　藤井多穂子　藤井かおり
葛目美枝子　伊藤香　鈴木洋子　石橋佐知子　伊藤由美　畑野衣見
井上竜之介　斎藤悠人　宮崎陽子　並木楓　三角真穂

Printing　共同印刷株式会社

ISBN978-4-7993-2442-4

※本書は小社より2015年に刊行された『新社会人のための成功の教科書』の改訂版になります。